原本
解說

推_추句_구集_집

原本解說 古_고時_시調_조

原本解說 孝_효經_경

朱子十悔 (주자십회)

不孝父母死後悔 (불효부모사후회)
부모에게 효도하지 않으면 죽은 뒤에 뉘우친다.

不親家族疎後悔 (불친가족소후회)
가족에게 친절치 않으면 멀어진 뒤에 뉘우친다.

少不勤學老後悔 (소불근학노후회)
젊을때 부지런히 배우지 않으면 늙어서 뉘우친다.

安不思難敗後悔 (안불사난패후회)
편할때 어려움을 생각하지 않으면 실패한 뒤에 뉘우친다.

富不儉用貧後悔 (부불검용빈후회)
편할 때 아껴쓰지 않으면 가난한 후에 뉘우친다.

春不耕種秋後悔 (춘불경종추후회)
봄에 종자를 갈지 않으면 가을에 뉘우친다.

不治垣墻盜後悔 (불치담장도후회)
담장을 고치지 않으면 도적 맞은 후에 뉘우친다.

色不謹愼病後悔 (색불근신병후회)
색을 삼가치 않으면 병든 후에 뉘우친다.

醉中妄言醒後悔 (취중망언성후회)
술 취할 때 망언된 말은 술 깬뒤에 뉘우친다.

不接賓客去後悔 (불접빈객거후회)
손님을 접대하지 않으면 간 뒤에 후회한다.

차례

*

三綱 (삼강)

父 爲 子 綱 (부 위 자 강)
아들은 아버지를 섬기는 근본이고

君 爲 臣 綱 (군 위 신 강)
신하는 임금을 섬기는 근본이고

夫 爲 婦 綱 (부 위 부 강)
아내는 남편을 섬기는 근본이다.

五倫 (오륜)

君 臣 有 義 (군 신 유 의)
임금과 신하는 의가 있어야 하고

父 子 有 親 (부 자 유 친)
아버지와 아들은 친함이 있어야 하며

夫 婦 有 別 (부 부 유 별)
남편과 아내는 분별이 있어야 하며

長 幼 有 序 (장 유 유 서)
어른과 어린이는 차례가 있어야 하고

朋 友 有 信 (붕 우 유 신)
벗과 벗은 믿음이 있어야 한다.

原本解説
推句集

   추구(推句)는 우리 선조들이 애송한 시(詩)의 글귀를 정선하여 뽑아 놓은 다섯 글자로 된 아름다운 시이다.

   선조들이 서당(書堂)에서 공부할 때 명심보감처럼 학습 교재로 사용하여 온 한학 교양서로 한문(漢文)을 익힘은 물론, 우주의 삼라만상에서부터 자연의 오묘함을 일깨워 주었다.

   단지 흘러간 한 시대(時代)의 사람들이 남긴 그들의 글귀만이 아니다.

   일상생활에 스며있는 지혜와 슬기를 한 구 한 구 아름답게 꾸며, 누구나 즐거운 마음으로 가볍게 애송할 수 있는 초학서(初學書)이다.

   뜻풀이는 물론 필순(筆順)과 해서·행서·초서를 함께 수록함으로서 보다 빠른 이해와 한학을 이해하고 즐기는데 많은 도움이 될 것이다.

一 二 チ 天	亠 古 高 高	丨 冂 日 日	丿 刀 月 月	日 旫 明 明
天 天 气	高 高 亐	日 日 日	月 月 孓	明 明 必

天 高 日 月 明

하늘 천   높을 고   날 일   달 월   밝을 명

天高日月明(천고일월명) 하늘은 높고 해와 달은 밝으며

扌 圠 地 地	厂 厈 厚 厚	艹 芍 苩 草	一 十 才 木	亠 牛 生 生
地 地 垁	厚 厚 序	草 草 孚	木 朩 朩	生 生 生

地 厚 草 木 生

땅 지   두터울 후   풀 초   나무 목   날 생

地厚草木生(지후초목생) 땅은 두텁고 풀과 나무는 자란다.

三 夫 春 春	十 対 來 來	利 利 梨 梨	艹 花 花 花	丿 白 白 白
春 春 老	來 來 末	梨 梨 祭	花 花 亾	白 白 白

春 來 梨 花 白

봄 춘   올 래   배나무 리   꽃 화   흰 백

春來梨花白(춘래이화백) 봄이 오면 배나무꽃은 하얗게 피고

百 百 夏 夏	一 互 至 至	柞 梒 樹 樹	苹 莘 華 葉	丰 青 青 青
夏 夏 友	至 至 乭	樹 樹 樹	葉 葈 藝	青 青 劳

夏 至 樹 葉 青

여름 하   절기 지   나무 수   잎 엽   푸를 청

夏至樹葉青(하지수엽청) 여름이 오면 나무잎이 푸르다.

千利利秋	氵沪泸涼	艹苎茜菊	芢芇苗黄	癶癶發發
秋秋扒	涼涼冰	菊菊匊	黄黄芟	發發友

秋 凉 菊 黄 發

가을 추	서늘할 량	국화 국	누를 황	필 발

秋凉菊黄發(추량국황발) 서늘한 가을이 오면 국화가 만발하고

夂夂冬冬	宀寒寒寒	丿白白	雪雪雪雪	十才來來
冬冬冬	寒寒寠	白白白	雪雪雪	來来本

冬 寒 白 雪 來

겨울 동	찰 한	흰 백	눈 설	올 래

冬寒白雪來(동한백설래) 추운 겨울이 오면 흰 눈이 내린다.

丿月月	屮屮出出	一二天天	門門門開	日日眼眼
月月彐	出出屮	天天彐	開開幵	眼眼眂

月 出 天 開 眼

달 월	날 출	하늘 천	열 개	눈 안

月出天開眼(월출천개안) 달이 뜨면 하늘은 눈을 뜨고

丨山山	高高高高	十坩地地	與與與舉	豆頭頭頭
山山山	高高亩	地地地	舉舉舉	頭頭彴

山 高 地 舉 頭

뫼 산	높을 고	땅 지	들 거	머리 두

山高地舉頭(산고지거두) 산이 높으면 땅은 머리를 든다.

ノ人	丶心心心	直卓朝朝	ノクタ	絹繈變變
人人人	心心心	朝朝朝	夕夕夕	變変変

人 心 朝 夕 變

사람 인	마음 심	아침 조	저녁 석	변할 변

人心朝夕變(인심조석변) 사람의 마음은 아침과 저녁으로 변하고

I 山山	⺈⺈色色	十十古古	ノ人今今	门门同同
山山山	色色色	古古古	今今今	同同同

山 色 古 今 同

뫼 산	빛 색	옛 고	이제 금	한가지 동

山色古今同(산색고금동) 산의 색깔은 옛날이나 지금이나 똑같다.

I 冂日日	J 月月	一二千	⺈⺊⺊年	鈩鈩錆鏡
日日日	月月月	千千千	年年年	鏡鏡鏡

日 月 千 年 鏡

날 일	달 월	일천 천	해 년	거울 경

日月千年鏡(일월천년경) 해와 달은 천 년 동안 거울이요

氵氵江江	I 山山	苩萬萬萬	十十古古	尸屛屛屛
江江江	山山山	萬萬萬	古古古	屛屛屛

江 山 萬 古 屛

강 강	뫼 산	일만 만	옛 고	병풍 병

江山萬古屛(강산만고병) 산과 강은 만 년 동안 병풍이 되었다.

亘車東東	一丙西西	丨冂日日	丿月月	冂冂門門
東東东	西西西	日日日	月月月	門門門
東	**西**	**日**	**月**	**門**
동녘 동	서녘 서	날 일	달 월	문 문

東西日月門(동서일월문) 동과 서는 해와 달의 문이고

市南南南	一丬北北	沪沪鴻鴻	厂厏厒雁	趵趵路路
南南南	北北北	鴻鴻鴻	雁雁雁	路路路
南	**北**	**鴻**	**雁**	**路**
남녘 남	북녘 북	기러기 홍	기러기 안	길 로

南北鴻雁路(남북홍안로) 남과 북은 기러기떼의 길이다.

一十	㇒㇉㇉年	炊炊燈燈	一丁下	十艹苦苦
十十十	年年年	燈燈燈	下下下	苦苦苦
十	**年**	**燈**	**下**	**苦**
열 십	해 년	등잔 등	아래 하	괴로울 고

十年燈下苦(십년등하고) 십 년 동안 등잔 밑에서 공부를 하여

一二三	丨冂日日	厂卬馬馬	豆頭頭頭	炏炏炏榮
三三三	日日日	馬馬馬	頭頭頭	榮榮榮
三	**日**	**馬**	**頭**	**榮**
석 삼	날 일	말 마	머리 두	영화 영

三日馬頭榮(삼일마두영) 벼슬길에 올라 사흘간 말을 타고 축하를 받는다.

| 一 一 一 | ㅣ 冂 日 日 | 一 ㄱ 丆 不 | 讀 讀 讀 讀 | ㄱ 肀 書 書 |
| 一 | 日 日 日 | 不 不 ふ | 讀 讀 讀 | 書 書 书 |

一 日 不 讀 書

| 한 일 | 날 일 | 아니 불 | 읽을 독 | 글 서 |

一日不讀書(일일부독서) 하루라도 글을 읽지 않으면

| ㅣ 冂 口 | ㅣ 冂 口 中 | 一 屮 牛 生 | 艹 芇 荆 荆 | 市 束 束 棘 |
| 口 口 口 | 中 中 中 | 生 生 生 | 荆 荆 荥 | 棘 棘 秫 |

口 中 生 荊 棘

| 입 구 | 가운데 중 | 날 생 | 가시 형 | 가시 극 |

口中生荊棘(구중생형극) 입안에 가시가 돋는다.

| 氵 氵 江 江 | ㅣ 山 山 | 芇 萬 萬 萬 | 十 古 古 古 | 亠 十 丰 主 |
| 江 江 辽 辽 | 山 山 山 | 萬 萬 芴 | 古 古 さ | 主 主 玉 |

江 山 萬 古 主

| 강 강 | 뫼 산 | 일만 만 | 옛 고 | 주인 주 |

江山萬古主(강산만고주) 강과 산은 만고의 주인이지만

| 丿 人 | 丬 牛 牜 物 | 一 丆 丆 百 | 一 二 生 年 | 宀 灾 害 賓 |
| 人 人 人 | 物 物 物 | 百 百 百 | 年 年 乍 | 賓 賓 寡 |

人 物 百 年 賓

| 사람 인 | 물건 물 | 일백 백 | 해 년 | 손 빈 |

人物百年賓(인물백년빈) 사람은 강산에 잠시 왔다가는 손님이다.

三 夫 春 春	ㅓ ㅓ 扎 北	千 禾 利 秋	市 南 両 南	厂 厉 厣 雁
春春夆	北北灿	秋秋秌	南南肖	雁雁雁

春 北 秋 南 雁

봄 춘	북녘 북	가을 추	남녘 남	기러기 안

春北秋南雁(춘북추남안) 봄에는 북쪽, 가을에는 남쪽으로 기러기는 왕래하고

吉 車 朝 朝	一 丙 西 西	莒 莫 莫 暮	甲 車 東 東	虫 虹 虹 虹
朝朝朝	西西西	暮暮暮	東東东	虹虹虫2

朝 西 暮 東 虹

아침 조	서녘 서	저물 모	동녘 동	무지개 홍

朝西暮東虹(조서모동홍) 무지개는 아침에 서쪽, 저녁엔 동쪽에 빛난다.

l 冂 日 日	ノ 刀 月 月	竺 箐 籠 籠	l 冂 口 中	广 阜 鳥 鳥
日日は	月月る	籠籠花	中中中	鳥鳥弓

日 月 籠 中 鳥

날 일	달 월	새장 롱	가운데 중	새 조

日月籠中鳥(일월롱중조) 해와 달은 새장 속에 있는 새와 같고

吉 車 草 乾	土 圵 坦 坤	] 才 才 水	一 十 上	艹 艹 荅 萍
乾乾乾	坤坤坤	水水彡	上上し	萍萍萍

乾 坤 水 上 萍

하늘 건	땅 곤	물 수	웃 상	부평초 평

乾坤水上萍(건곤수상평) 하늘과 땅의 움직임은 부평초와 같다.

三夫春春	ㅣㅗ水水	沽沽滿滿	冂门四四	沪澤澤澤
春春夫	水水氺	滿溝沔	西西丙	澤澤浑
				澤澤浑

春 水 滿 四 澤

봄춘 　 물수 　 가득할만 　 넷사 　 못택

春水滿四澤(춘수만사택) 봄이면 못에 물이 가득차고

一百夏夏	一云雲雲	ク夕多多	宀宔宭寄	屵岽峯峯
夏夏友	雲雲云	多多多	奇奇多	峰峰峪

夏 雲 多 奇 峯

여름 하 　 구름 운 　 많을 다 　 기묘할 기 　 봉우리 봉

夏雲多奇峯(하운다기봉) 여름의 구름은 기묘한 봉우리를 만든다.

千禾秒秋	ㅣㄇ月月	扌捛揚揚	日旯明明	米旷輝輝
秋秋秋	月月る	揚揚扬	明明㕭	輝輝㷧

秋 月 揚 明 輝

가을 추 　 달 월 　 드날릴 양 　 밝을 명 　 빛날 휘

秋月揚明輝(추월양명휘) 가을에 뜨는 달은 유난히 밝게 빛나고

ク夂冬冬	屵岸嶺嶺	千禾秀秀	孑孤孤孤	木杦松松
冬冬冬	嶺嶺筱	秀秀秀	孤孤孤	松松杉

冬 嶺 秀 孤 松

겨울 동 　 산고개 령 　 빼어날 수 　 외로울 고 　 소나무 송

冬嶺秀孤松(동령수고송) 겨울에 산에 있는 소나무는 푸르게 보인다.

一冂冃日	芦苩莫暮	乧鷄鷄鷄	癶癶癶登	十田坩坶
日日日	暮暮暮	鷄鷄鷄	登登登	坶坶坶

日 暮 鷄 登 坶

날 일	저물 모	닭 계	오를 등	닭장 시

日暮鷄登坶(일모계등시) 날이 저물면 닭은 닭장에 들고

一二天天	宀宨寒寒	厂皀鳥鳥	丿入	竹竺竺簷
天天天	寒寒寒	鳥鳥鳥	入入入	簷簷簷

天 寒 鳥 入 簷

하늘 천	찰 한	새 조	들 입	처마 첨

天寒鳥入簷 (천한조입첨) 날씨가 추워지면 새들은 처마에 든다.

糸 紕紐細	冂冚雨雨	氵氵沲池	丨冂口中	二手看看
細紐紐	雨雨雨	池池池	中中中	看看看

細 雨 池 中 看

가늘 세	비 우	못 지	가운데 중	볼 간

細雨池中看(세우지중간) 이슬비는 못 가운데서 형상을 볼수 있고

彳徉微微	几冈風風	一十才木	二丰末末	上生矢知
微微微	風風風	木木木	末末末	知知知

微 風 木 末 知

가늘 미	바람 풍	나무 목	끝 말	알 지

微風木末知(미풍목말지) 나무가지끝을 보면 바람이 부는 것을 알 수 있다.

木 朴 松 松	亻 亻 作 作	口 印 迎 迎	宀 安 客 客	艹 莘 莘 蓋
松松松	作作作	迎迎迎	客客客	蓋蓋蓋
松	作	迎	客	蓋
소나무 송	지을 작	맞을 영	손님 객	덮을 개

松作迎客蓋(송작영객개) 소나무 밑은 손님을 맞는 채일 구실을 하고

ノ 月 月	爫 爫 爲 爲	訁 讀 讀 讀	彐 聿 書 書	火 灯 燈 燈
月月月	爲爲爲	讀讀讀	書書書	燈燈燈
月	爲	讀	書	燈
달 월	할 위	읽을 독	글 서	등잔 등

月爲讀書燈(월위독서등) 달이 밝으면 글 읽는 데 등불 구실을 한다.

木 村 机 桃	禾 利 犁 梨	一 二 千	木 機 機 機	金 錦 錦 錦
桃桃桃	梨梨梨	千千千	機機機	錦錦錦
桃	梨	千	機	錦
복숭아 도	배나무 리	일천 천	베틀 기	비단 금

桃李千機錦(도리천기금) 복숭아꽃과 배나무꽃은 베틀에 있는 비단같고

氵 汀 江 江	丨 山 山	一	聿 書 畫 畫	尸 屛 屛 屛
江江江	山山山	一一一	畫畫畫	屛屛屛
江	山	一	畫	屛
강 강	뫼 산	한 일	그림 화	병풍 병

江山一畫屛(강산일화병) 강과 산은 한 폭의 병풍같다.

| 仙 伊 微 微 | 千 雲 雲 雲 | 円 咼 渦 過 | 氵 沪 河 河 | 氵 泮 湛 漢 |
| 微 微 微 | 雲 雲 雲 | 過 過 過 | 河 河 河 | 漢 漢 漢 |

微 雲 過 河 漢

| 가늘 미 | 구름 운 | 지낼 과 | 황하수 하 | 한수 한 |

微雲過河漢(미운과하합) 솜털구름은 황하를 유유히 지나가고

| 正 跙 跊 疎 | 丆 币 雨 雨 | 氵 沪 湉 滴 | 杧 朽 栢 梧 | 杧 桐 桐 桐 |
| 疎 疎 疎 | 雨 雨 㕦 | 滴 滴 滴 | 梧 梧 梧 | 桐 桐 桐 |

疎 雨 滴 梧 桐

| 드물 소 | 비 우 | 적실 적 | 오동나무 오 | 오동나무 동 |

疎雨滴梧桐(소우적오동) 소나기는 오동나무잎을 적신다.

| 臼 臼 與 學 | 亠 亠 文 文 | 亠 二 千 | 亘 車 載 載 | 宀 宀 寶 寶 |
| 學 學 孝 | 文 文 文 | 千 千 千 | 載 載 我 | 寶 寶 宝 |

學 文 千 載 寶

| 배울 학 | 글월 문 | 일천 천 | 실을 재 | 보배 보 |

學文千載寶(학문천재보) 글을 배워서 익히면 천 년의 보배가 되나

| 今 合 會 貪 | 牛 牛 牧 物 | 一 | 直 卓 朝 朝 | 庐 庐 鹿 塵 |
| 貪 貪 貪 | 物 物 物 | 一 一 一 | 朝 朝 刕 | 塵 塵 塵 |

貪 物 一 朝 塵

| 탐할 탐 | 물건 물 | 한 일 | 아침 조 | 티끌 진 |

貪物一朝塵(탐물일조진) 물질을 탐내면 하루아침에 티끌로 사라 진다.

柳 幕 鶯 爲 客

버들 류　장막 막　꾀꼬리 앵　할 위　손님 객

柳幕鶯爲客(유막앵위객) 버드나무는 꾀꼬리를 손님으로 맞이하고

花 房 蝶 作 郎

꽃 화　방 방　나비 접　지을 작　남편 랑

花房蝶作郎(화방접작랑) 꽃은 나비를 서방님으로 모신다.

山 外 山 不 盡

뫼 산　바깥 외　뫼 산　아니 불　다할 진

山外山不盡(산외산불진) 첩첩산은 넘고 넘어도 끝이 없고

路 中 路 無 窮

길 로　가운데 중　길 로　없을 무　다할 궁

路中路無窮(노중로무궁) 길은 가도가도 끝이 없이 이어진다.

乌自自飲 飲	氵沜洒酒 酒	丿人 人	彦顏顏顏 顏	亠寺赤赤 赤
飲飲飲	酒酒酒	人人人	顏顏稅	赤赤赤
飲	**酒**	**人**	**顏**	**赤**
마실 음	술 주	사람 인	얼굴 안	붉을 적

飲酒人顏赤(음주인안적) 술을 마시면 얼굴이 붉어지고

今今食食 食	艹芍苩草	厂厂馬馬 馬	ㅣ冂口	青青青青 青
食食食	草草子	馬馬る	口口口	青青专
食	**草**	**馬**	**口**	**青**
먹을 식	풀 초	말 마	입 구	푸를 청

食草馬口青(식초마구청) 풀을 뜯는 말은 입가에 푸른 물이 마를새가 없다.

厂厅雨雨 雨	彳彺徉後 後	ㅣ山山	女女如如 如	氵汁汁沐 沐
雨雨台	後後後	山山山	如如如	沐沐沐
雨	**後**	**山**	**如**	**沐**
비 우	뒤 후	뫼 산	같을 여	목욕할 목

雨後山如沐(우후산여목) 비가 온 뒤의 산은 목욕을 한것 같고

八同風風 風	广肯前前 前	艹芍苩草	刂刂仪似 似	酉酉醉醉 醉
風風凡	前前苁	草草子	似似似	醉醉醉
風	**前**	**草**	**似**	**醉**
바람 풍	앞 전	풀 초	같을 사	취할 취

風前草似醉(풍전초사취) 바람이 불면 초목은 술 취한 듯 흔들린다.

花 笑 聲 未 聽

꽃 화　웃음 소　소리 성　아닐 미　늘을 청

花笑聲未聽(화소성미청) 꽃이 웃고 있지만 그 소리는 듣지 못하고

鳥 啼 淚 難 看

새 조　울 제　눈물 루　어려울 난　볼 간

鳥啼淚難看(조제루난간) 새는 울지만 그 눈물은 볼 수가 없다.

風 驅 群 飛 雁

바람 풍　쫓아보낼 구　무리 군　날 비　기러기 안

風驅群飛雁(풍구군비안) 바람이 불어서 무리로 날아간 기러기를 쫓고

月 送 獨 去 舟

달 월　보낼 송　홀로 독　갈 거　배 주

月送獨去舟(월송독거주) 달빛아래 홀로 가는 배를 전송한다.

ﾉ 小 小	門 閛 園 園	⺮⺮ 鶯 鶯	可 哥 歌 歌	曰 哥 歇 歇
小 小 小	園 園 囗	鶯 鶯 菅	歌 歌 弘	歇 歇 歇

小	園	鶯	歌	歇
적을 소	동산 원	꾀꼬리 앵	노래 가	쉴 헐

小園鶯歌歇(소원앵가헐) 정원은 아름다운 꾀꼬리가 노래하며 쉬는 곳이고

ﾄ 長 長 長	ﾉ 門 門 門	虫 蚓 蝶 蝶	無 舞 舞 舞	ク夕 多 多
長 長 长	門 門 巾	蝶 蝶 烘	舞 舞 夅	多 多 叐

長	門	蝶	舞	多
길 장	문 문	나비 접	춤출 무	많을 다

長門蝶舞多(장문접무다) 대문마다 나비가 떼를 지어 춤을 춘다.

几 同 風 風	空 空 窓 窓	炊 炊 燈 燈	曰 尸 号 易	氵滅 滅 滅
風 風 凡	窓 窓 玄	燈 燈 燶	易 易 㐱	滅 滅 烕

風	窓	燈	易	滅
바람 풍	창문 창	등잔 등	쉴 이	멸할 멸

風窓燈易滅(풍창등이멸) 바람이 불면 등잔불이 쉽게 꺼지고

ﾉ 月 月	尸 尸 屖 屋	苻 苗 莇 夢	堇 莫 斳 難	厂 成 成 成
月 月 彡	屋 屋 㞑	夢 夢 夛	難 難 雞	成 成 出

月	屋	夢	難	成
달 월	집 옥	꿈 몽	어려울 난	이룰 성

月屋夢難成(월옥몽난성) 달이 밝아 낮과 같으니 꿈을 이룰 수가 없다.

白	鷺	千	點	雪
`丶 冖 白` `白 白 白`	`ᄆ 路 鷺 鷺` `鷺 鷺 鴦`	`一 二 千` `千 千 千`	`甲 黑 點 點` `點 點 點`	`雪 雫 雷 雪` `雪 雪 雪`
흰 백	백로 로	일천 천	점 점	눈 설

白鷺千點雪(백로천점설) 흰 백로는 흰 눈으로 몸을 치장한 것 같고

黃	鶯	一	片	金
`芇 芇 芇 黃` `黃 黃 茇`	`ᄴ ᄴ 鶯 鶯` `鶯 鶯 莺`	`一 一 一`	`丿 丿 广 片` `片 片 广`	`今 今 余 金` `金 金 金`
누를 황	꾀꼬리 앵	한 일	조각 편	쇠 금

黃鶯一片金(황앵일편금) 노란색 꾀꼬리는 황금덩어리로 보인다.

東	西	幾	萬	里
`亘 車 東 東` `東 東 东`	`丌 丙 西 西` `西 西 西`	`ᄴ ᄴᄴ 幾 幾` `幾 幾 幾`	`芇 萬 萬 萬` `萬 萬 萬`	`日 甲 里 里` `里 里 里`
동녘 동	서녘 서	몇 기	일만 만	마을 리

東西幾萬里(동서기만리) 동서는 몇 만리인가 알 수 없고

南	北	不	能	尺
`ᄒ 冇 南 南` `南 南 市`	`丨 丬 扎 北` `北 北 ᄮ`	`一 丆 不 不` `不 不 ふ`	`自 肖 能 能` `能 能 能`	`ᄀ 尸 尺` `尺 尺 尺`
남녘 남	북녘 북	아니 불	능할 능	자 척

南北不能尺(남북불능척) 남북도 자로 잴 수가 없이 멀다.

狗	走	梅	花	落
개 구	달릴 주	매화 매	꽃 화	떨어질 락

狗走梅花落(구주매화락) 개가 달리면 매화꽃이 떨어지고

鷄	行	竹	葉	成
닭 계	다닐 행	대 죽	잎사귀 엽	이룰 성

鷄行竹葉成(계행죽엽성) 닭이 다니는 곳엔 대나무 잎이 무성 하다.

竹	筍	黃	犢	角
대 죽	죽순 순	누를 황	송아지 독	뿔 각

竹筍黃犢角(죽순황독각) 대나무순은 송아지 뿔과 같고

蕨	芽	小	兒	拳
고사리 궐	싹 아	적을 소	어린이 아	주먹 권

蕨芽小兒拳(궐아소아권) 고사리순은 어린아이 주먹 같다.

白 雲 山 上 蓋

흰백　구름운　뫼산　웃상　덮을개

白雲山上蓋(백운산상개) 흰 구름은 남산 위를 덮고 있으며

明 月 水 中 珠

밝을명　달월　물수　가운데중　구슬주

明月水中珠(명월수중주) 밝은 달은 우물 속에 있는 구슬같다.

花 紅 黃 蜂 鬧

꽃화　붉을홍　누를황　벌봉　시끄러울뇨

花紅黃蜂鬧(화홍황봉뇨) 붉은 꽃이 만발하면 벌들은 노래하고

草 綠 白 馬 嘶

풀초　푸를록　흰백　말마　울시

草綠白馬嘶(초록백마시) 초원에 풀이 우거지니 백마가 뛰놀다.

丰丰耒耕	冂冊用田	坦坦押埋	三夫耂春	夕夕色色
耕耕耕	田田田	埋埋埋	春春苳	色色色

耕田埋春色

갈 경	밭 전	묻을 매	봄 춘	빛 색

耕田埋春色(경전매춘색) 밭을 갈면 봄을 묻는 것 같고

氵汈汲汲	丿才水水	冫二斗	丿月月	业业光
汲汲汲	水水氷	斗斗斗	月月月	光光光

汲水斗月光

물길을 급	물 수	말 두	달 월	빛날 광

汲水斗月光(급수두월광) 물을 떠오면 달빛도 함께 떠온 것 같다.

聿聿書畫	声广虍虎	堇萛歎難	聿聿書畫	骨骨骨
畫畫畫	虎虎虎	難難難	畫畫畫	骨骨骨

畫虎難畫骨

그림 화	호랑이 호	어려울 난	그림 화	뼈 골

畫虎難畫骨(화호난화골) 호랑이의 모습은 그릴 수 있지만 그 뼈는 그릴 수 없고

广左矢知	丿人	二丰才未	广左矢知	宀心心心
知知知	人人人	未来未	知知知	心心心

知人未知心

알 지	사람 인	아닐 미	알 지	마음 심

知人未知心(지인미지심) 사람은 누구나 사귈 수 있지만 그 마음은 알 수가 없다.

千 禾 秋 秋　華 華 華 葉　雨 雨 霜 霜　广 前 前 前　艹 茨 落 落
秋 秋 弐　葉 葉 委　霜 霜 霜　前 前 苟　落 落 茨

秋　葉　霜　前　落

가을 추　　잎사귀 엽　　서리 상　　앞 전　　떨어질 락

秋葉霜前落(추엽상전락) 가을에 나무잎은 서리가 내리면 낙엽이 지고

三 夫 春 春　艹 花 花 花　丂 帀 雨 雨　彳 彳 後 後　千 糸 紅 紅
春 春 岑　花 花 乭　雨 雨 岛　後 後 後　紅 紅 紅

春　花　雨　後　紅

봄 춘　　꽃 화　　비 우　　뒤 후　　붉을 홍

春花雨後紅(춘화우후홍) 봄에 만발한 꽃은 비가 내린 후면 더욱 붉어진다.

丂 帀 雨 雨　氵 泸 滴 滴　氵 沙 沙 沙　彦 顏 顏 顏　糸 縛 縛 縛
雨 雨 岛　滴 滴 滴　沙 沙 沙　顏 顏 新　縛 縛 珞

雨　滴　沙　顏　縛

비 우　　적실 적　　모래 사　　얼굴 안　　얽을 박

雨滴沙顏縛(우적사안박) 비가 내리면 백사장이 갑자기 얼룩지고

几 同 風 風　十 才 來 來　亅 才 水 水　乍 牛 先 先　車 重 動 動
風 風 风　來 來 术　水 水 彭　先 羌 兑　動 動 動

風　來　水　先　動

바람 풍　　올 래　　물 수　　먼저 선　　움직일 동

風來水先動(풍래수선동) 바람이 불면 물이 먼저 움직인다.

口 吹 吹 吹	ソ 少 火	人 女 女	辰 辰 唇 唇	小 小 尖 尖
吹 吹 吹	火 火 乀	女 女 妼	唇 唇 廑	尖 尖 尖
吹 火 女 唇 尖

불 취　　불 화　　계집 녀　　입술 순　　뾰족할 첨

吹火女唇尖(취화녀순첨) 불꽃을 부는 여자아이 입술은 뾰족하고

月 胪 胪 脫	ム 厶 弁 弁	亻 价 僧 僧	豆 頭 頭 頭	同 圓 圓 圓
脫 脫 挩	弁 弁 弄	僧 僧 憻	頭 頭 頒	圓 圆 圈
脫 弁 僧 頭 圓

벗길 탈　　꼬깔 변　　중 승　　머리 두　　둥글 원

脫弁僧頭圓(탈변승두원) 모자를 벗은 중의 머리는 둥글다.

一 二 天 天	亻 化 价 傾	一 戸 西 西	十 寸 扎 北	臰 臱 臱 邊
天 天 乇	傾 傾 低	西 西 酉	北 北 仏	邊 邊 迻
天 傾 西 北 邊

하늘 천　　기울어질 경　　서녘 서　　북녘 북　　갓 변

天傾西北邊(천경서북변) 하늘은 서쪽과 북쪽으로 기울어지고

十 圠 地 地	宀 白 卑 卑	戸 車 東 東	市 丙 南 南	田 界 界 界
地 地 垇	卑 卑 夆	東 東 东	南 南 甬	界 界 昜
地 卑 東 南 界

땅 지　　낮을 비　　동녘 동　　남녘 남　　경계 계

地卑東南界(지비동남계) 땅은 동쪽과 남쪽의 경계로 낮게 이어진다.

花有重開日

花 꽃 화　**有** 있을 유　**重** 거듭 중　**開** 열 개　**日** 날 일

花有重開日(화유중개일) 꽃은 피어나는 때를 다시 맞을 수 있으나

人無更少年

人 사람 인　**無** 없을 무　**更** 다시 갱　**少** 젊을 소　**年** 해 년

人無更少年(인무갱소년) 사람은 한번 늙으면 다시 소년이 될 수 없다.

鳥逐花間蝶

鳥 새 조　**逐** 쫓을 축　**花** 꽃 화　**間** 사이 간　**蝶** 나비 접

鳥逐花間蝶(조축화간접) 새는 꽃 사이의 나비를 쫓아 다니고

鷄爭草中蟲

鷄 닭 계　**爭** 다툴 쟁　**草** 풀 초　**中** 가운데 중　**蟲** 벌레 충

鷄爭草中蟲(계쟁초중충) 닭은 풀속의 벌레를 다투어 잡는다.

｜ 山 山	甲 易 影 影	扌 扩 扩 推	一 ア 不 不	ㄩ 中 出 出
山 山 山	影 影 影	推 推 推	不 不 ふ	出 出 �
山	影	推	不	出
뫼 산	그림자 영	밀 추	아니 불	날 출

山影推不出(산영추불출) 산 그림자는 밀어도 더 나아가지 않고

｣ 月 月	｜ ｿ 半 光	扌 扫 掃 掃	罒 罘 睘 還	宀 牜 牛 生
月 月 了	光 光 光	掃 掃 掃	還 還 遠	生 生 生
月	光	掃	還	生
달 월	빛 광	쓸 소	다시 환	날 생

月光掃還生(월광소환생) 달빛은 빗자루로 쓸어도 다시 생긴다.

宀 白 鳥 鳥	ㅁ 叮 喧 喧	虫 虸 蛇 蛇	ʼʼ 癶 癶 登	栌 梎 樹 樹
鳥 鳥 乌	喧 喧 喧	蛇 蚝 蚝	登 登 惢	樹 樹 樹
鳥	喧	蛇	登	樹
새 조	지저귈 훤	뱀 사	오를 등	나무 수

鳥喧蛇登樹(조훤사등수) 새가 지저귀면 나무 위로 뱀이 기어오르고

一 ナ 大 犬	ㅁ 叮 吠 吠	宀 安 客 客	厶 至 至 到	｜ ｐ 門 門
犬 犬 犬	吠 吠 吠	客 客 务	到 到 弘	門 門 门
犬	吠	客	到	門
개 견	개짖을 폐	손 객	이를 도	문 문

犬吠客到門(견폐객도문) 개가 짖어댐은 손님이 문간에 왔음을 알리는 것이다.

風 來 水 面 嚬

바람 풍　올 래　물 수　얼굴 면　찡그릴 빈

風來水面嚬(풍래수면빈) 바람이 불면 수면은 찰랑댄다.

雨 霽 雲 始 散

비 우　비개일 제　구름 운　비로소 시　흩어질 산

雨霽雲始散(우제운시산) 비가 그치며 구름이 흩어진다.

石 蹲 壯 士 拳

돌 석　걸터앉을 준　장사 장　선비 사　주먹 권

石蹲壯士拳(석준장사권) 돌이 언덕 위에 있는 모양이 장사의 주먹 같고

峰 尖 文 章 筆

봉우리 봉　뾰족할 첨　글월 문　글월 장　붓 필

峰尖文章筆(봉첨문장필) 산봉우라가 뾰족하니 글을 쓸 때의 붓과 같다.

高高高高 尹夫奉奉 扌扩撑撑 一二于天 亠六立立
高高方 峰峰峰 撑撑撑 天天飞 立立立

高 峯 撑 天 立

높을 고　봉우리 봉　버틸 탱　하늘 천　설 립

高峯撑天立(고봉탱천립) 높은 산봉우리는 하늘을 기둥으로 버틴 것 같고

―――

戶튼튼長 氵汀江江 中聿害割 丄圵地地 十丰去去
長長去 江江江 割割割 地地地 去去去

長 江 割 地 去

길 장　강 강　나눌 할　땅 지　갈 거

長江割地去(장강할지거) 길고 긴 강은 땅을 베고 가는 것 같다.

―――

野里野野 庁庐廣廣 一二于天 广庐底底 桥榰樹樹
野野野 廣廣族 天天飞 低低伍 樹樹樹

野 廣 天 低 樹

들 야　넓을 광　하늘 천　낮을 저　나무 수

野廣天低樹(야광천저수) 땅은 넓고 하늘이 나무 아래 있는 것 같고

―――

氵汀江江 汗清清清 丿月月月 斤斤沂近 丿人
江江江 清清清 月月月 近近近 人人人

江 清 月 近 人

강 강　맑을 청　달 월　가까울 근　사람 인

江清月近人(강청월근인) 강물이 맑고 푸르니 강속에 달이 사람 가까이 있는 것 같다.

鳥 宿 池 邊 樹

새 조　잘 숙　못 지　갈 변　나무 수

鳥宿池邊樹(조숙지변수) 새는 저수지 언덕에 있는 나무에 잠을 자고

僧 鼓 月 下 門

중 승　북 고　달 월　아래 하　문 문

僧鼓月下門(승고월하문) 절에 있는 스님은 달빛 아래서 북을 친다.

水 鳥 浮 還 没

물 수　새 조　뜰 부　돌아올 환　잠길 몰

水鳥浮還没(수조부환몰) 물새는 물에 떴다가 다시 잠기는 놀이를 하고

山 雲 斷 復 連

뫼 산　구름 운　끊어질 단　다시 부　이을 련

山雲斷復連(산운단부연) 산 위에 있는 구름은 이어졌다 끊기고 다시 이어진다.

棹	穿	波	底	月
노저을 도	뚫을 천	물결 파	밑 저	달 월

棹穿波底月(도천파저월) 배를 젓는 노는 파도 아래 달을 뚫으며

船	壓	水	中	天
배 선	누를 압	물 수	가운데 중	하늘 천

船壓水中天(선압수중천) 물 위에 뜬 배는 물 속에 있는 하늘을 누른다.

世	事	琴	三	尺
세상 세	일 사	거문고 금	셋 삼	자 척

世事琴三尺(세사금삼척) 세상의 일은 거문고 석 자로 뜻하고

生	涯	酒	一	盃
날 생	물가 애	술 주	한 일	잔 배

生涯酒一盃(생애주일배) 인생의 생활은 술 한 잔으로 보낸다.

西	亭	江	上	月
서녘 서	정자 정	강 강	웃 상	달 월

西亭江上月(서정강상월) 서쪽 정자에 강이 흐르고 달은 물 위에 떠 있으며

東	閣	雪	中	梅
동녘 동	집 각	눈 설	가운데 중	매화 매

東閣雪中梅(동각설중매) 동쪽 정자 앞뜰에 설중매가 피었다.

讀	書	爲	貴	人
읽을 독	글 서	될 위	귀할 귀	사람 인

讀書爲貴人(독서위귀인) 글을 배우고 익히면 위대한 사람을 만들고

不	學	作	農	夫
아니 불	배울 학	지을 작	농사 농	사내 부

不學作農夫(불학작농부) 배우지 않으면 쓸모없는 사람이 된다.

惜 花 愁 夜 雨

애석 석　　꽃 화　　근심 수　　밤 야　　비 우

惜花愁夜雨(석화수야우) 꽃을 아끼는 마음은 어젯밤 비를 원망하고

病 酒 怨 春 鶯

병들 병　　술 주　　원망 원　　봄 춘　　꾀꼬리 앵

病酒怨春鶯(병주원춘앵) 봄 꾀꼬리가 원망스러워 술병에 걸렸다.

五 夜 燈 前 晝

다섯 오　　밤 야　　등잔 등　　앞 전　　낮 주

五夜燈前晝(오야등전주) 긴긴 밤이라도 등잔불 앞에는 낮과 같고

六 月 亭 下 秋

여섯 육　　달 월　　정자 정　　아래 하　　가을 추

六月亭下秋(유월정하추) 유월이지만 정자에 앉으니 가을같이 시원하다.

鳧鳧鳧鳧	丰耒耒耕	沪沧沧沧	汇汇海海	十土去去
鳧鳧兒	耕耕耕	蒼蒼蒼	海海海	去去去

鳧耕蒼海去

오리 부 　 갈 경 　 푸를 창 　 바다 해 　 갈 거

鳧耕蒼海去(부경창해거) 물오리가 바다를 헤엄치는 것은 밭을 가는 것 같고

鹭鹭鷺鷺	中宰害割	青青青青	丨山山	十才來來
鷺鷺鷺	割割割	青青青	山山山	來来来

鷺割青山來

백로 로 　 벨 할 　 푸를 청 　 뫼 산 　 올 래

鷺割青山來(노할청산래) 백로가 날아오는 모습은 청산을 베고 오는 것 같다.

女奴怒怒	广广虎虎	訴誠誠誠	堇蓳難難	犭犭犯犯
怒怒怒	虎虎虎	誠誠誠	難難難	犯犯犯

怒虎誠難犯

성낼 노 　 호랑이 호 　 정성 성 　 어려울 난 　 범할 범

怒虎誠難犯(노호성난범) 성난 호랑이는 결코 범하면 안되고

今食飢飢飢	犭犭狗狗	土丰走走	阝阝隣隣隣	宀宁家家
飢飢飢	狗狗狗	走走走	隣隣隣	家家家

飢狗走隣家

주릴 기 　 개 구 　 달릴 주 　 이웃 린 　 집 가

飢狗走隣家(기구주인가) 굶주린 개는 이웃집으로 달려간다.

栗 黃 鼯 來 拾

밤 률　누를 황　박쥐 오　올 래　주을 습

栗黃鼯來拾(율황오래습) 밤이 익으면 박쥐들이 와서 주워가고

柿 紅 兒 上 摘

감 시　붉을 홍　아이 아　웃 상　딸 적

柿紅兒上摘(시홍아상적) 감이 빨갛게 익으면 아이들이 와서 따먹는다.

日 暮 蒼 山 遠

날 일　저물 모　푸를 창　뫼 산　멀 원

日暮蒼山遠(일모창산원) 날이 저무니 푸른 산은 멀고

天 寒 白 屋 貧

하늘 천　찰 한　흰 백　집 옥　가난할 빈

天寒白屋貧(천한백옥빈) 날씨가 추우니 마을마다 집들이 쓸쓸하게 보인다.

雨	脚	尺	天	地
비 우	다리 각	자 척	하늘 천	땅 지

雨脚尺天地 (우각척천지) 비가 주룩주룩 내리는 것이 하늘과 땅을 재려는 것 같고

雷	聲	叱	江	山
번개 뢰	소리 성	꾸짖을 질	강 강	뫼 산

雷聲叱江山 (뇌성질강산) 우뢰소리는 강산을 호령하는 것 같다.

山	雨	夜	鳴	竹
뫼 산	비 우	밤 야	울 명	대 죽

山雨夜鳴竹 (산우야명죽) 밤에 비가 오니 대나무가 우는 것 같고

草	蟲	秋	入	床
풀 초	벌레 충	가을 추	들 입	평상 상

草蟲秋入床 (초충추입상) 가을이 오면 벌레들은 마루 밑으로 모인다.

芹芹歲歲	十士去去	丿人	豆頭頭頭	丆冂白
歲歲爾	去去玄	人人人	頭頭弘	白白白

歲 去 人 頭 白

해 세　　갈 거　　사람 인　　머리 두　　흰 백

歲去人頭白(세거인두백) 세월이 가면 사람의 머리가 희어지고

千禾禾秋	十來來來	杧梧樹樹	並華華葉	艹芦带黃
秋秋秋	來來末	樹樹樹	葉葉秦	黃黃苃

秋 來 樹 葉 黃

가을 추　　올 래　　나무 수　　잎 엽　　누를 황

秋來樹葉黃(추래수엽황) 가을이 오면 나무잎은 자연히 누렇게 변색된다.

汩洞洞洞	氵汈泙深	艹花花花	产音意意	忄�懶懶
洞洞旧	深深以	花花玄	意意么	懶懶懶

洞 深 花 意 懶

골 동　　깊을 심　　꽃 화　　뜻 의　　게으를 뢰

洞深花意懶(동심화의뢰) 깊은 골짜기에 피는 꽃은 계절을 잘 모르고

丨山山	品器纍纍	丿才水水	声殸聲聲	玄丝幽幽
山山山	纍纍纍	水水秋	聲聲聲	幽幽幽

山 纍 水 聲 幽

뫼 산　　산이름 루　　물 수　　소리 성　　그윽할 유

山纍水聲幽(산루수성유) 산이 깊으면 물소리는 잔잔하게 고요히 들린다.

尹君羣群	日旦星星	阝阵陣陣	珇珀碧碧	一二于天
群群羣	星星皇	陣陣陈	碧碧绿	天天戈
群	星	陣	碧	天
무리 군	별 성	진칠 진	푸를 벽	하늘 천

群星陣碧天(군성진벽천) 하늘에 있는 많은 별은 푸른 하늘에 진을 친 것 같고

艹茨落落	艹苹華葉	罝單戰戰	千禾和秋	丨山山
落落莈	葉葉荄	戰戰戎	秋秋秌	山山山
落	葉	戰	秋	山
떨어질 락	잎 엽	싸울 전	가을 추	뫼 산

落葉戰秋山(낙엽전추산) 나무잎 떨어지니 가을 산에 병사들이 전쟁하는 것 같다.

青靜靜靜	礻衤裡裡	卓卓乾乾	土坤坤坤	一ナ大
靜靜靜	裡裡裡	乾乾乾	坤坤坤	大大大
靜	裡	乾	坤	大
고요할 정	속 리	하늘 건	땅 곤	클 대

靜裡乾坤大(정리건곤대) 고요할 때에 하늘과 땅이 거대한 우주인 것을 알고

門門門閑	丨口口中	丨冂日日	丿刀月月	一匕長長
閑閑閑	中中中	日日日	月月子	長長长
閑	中	日	月	長
한가할 한	가운데 중	날 일	달 월	길 장

閑中日月長(한중일월장) 너무나 한가하면 세월은 무척 긴 것 같다.

ノ 竹 白	氵 沪 洒 酒	纟 糸 紅 紅	ノ 人	丆 而 面 面
白 向 白	酒 酒 洒	紅 紅 紅	人 人 人	面 面 面
白	酒	紅	人	面
흰 백	술 주	붉을 홍	사람 인	얼굴 면

白酒紅人面(백주홍인면) 술 빛깔은 희지만 사람이 마시면 얼굴이 빨개지고

芏 芇 萄 黃	仐 仐 佥 金	罒 甲 黑 黑	冖 冖 吏 吏	ノ 心 心 心
黃 黃 萢	金 金 金	黑 黑 黑	吏 吏 吏	心 心 心
黃	金	黑	吏	心
누를 황	쇠 금	검을 흑	아전 리	마음 심

黃金黑吏心(황금흑리심) 황금은 관리의 마음을 검게 만들기 쉽다.

田 田 眒 男	女 女 奴 奴	冖 刍 負 負	艹 葓 薪 薪	十 土 去 去
男 男 男	奴 奴 奴	負 頁 員	薪 薪 新	去 去 去
男	奴	負	薪	去
사내 남	남자종 노	질 부	나무 신	갈 거

男奴負薪去(남노부신거) 하인은 나무를 해서 지고 가며

人 女 女	女 妒 婢 婢	氵 沪 汲 汲	ノ 기 水 水	十 과 來 來
女 女 女	婢 婢 婢	汲 汲 汲	水 水 水	來 来 來
女	婢	汲	水	來
계집 녀	여자종 비	물길을 급	물 수	올 래

女婢汲水來(여비급수래) 하녀는 물동이 이는 일을 한다.

家	貧	思	賢	妻
집 가	가난할 빈	생각 사	어질 현	아내 처

家貧思賢妻(가빈사현처) 집이 가난할수록 어진 아내를 생각하고

國	亂	思	良	相
나라 국	어지러울 난	생각 사	어질 량	재상 상

國亂思良相(국난사양상) 나라가 어지러울수록 어질고 양심있는 재상을 생각한다.

碧	海	黃	龍	宅
푸를 벽	바다 해	누를 황	용 룡	집 택

碧海黃龍宅(벽해황룡택) 푸른 바다는 황룡의 집이 되고

靑	松	白	鶴	樓
푸를 청	소나무 송	흰 백	학 학	집 루

靑松白鶴樓(청송백학루) 푸른 소나무는 흰 학이 집으로 삼는다

雨雨雷露露	冫汽泠凝凝	一二千千	ノ丿厂片片	一干王玉玉
露露露	凝凝凝	千千千	片片片	玉玉玉

露 凝 千 片 玉

이슬 로	엉길 응	일천 천	조각 편	구슬 옥

露凝千片玉(노응천편옥) 이슬이 맺히니 천 가지 구슬 모양이고

艹艿苟菊	昔昔散散	一一一	业业叢叢	仐仐金金
菊菊菊	散散散	一一一	叢叢叢	金金金

菊 散 一 叢 金

국화 국	헤어질 산	한 일	모을 총	쇠 금

菊散一叢金(국산일총금) 국화가 만발하니 황금이 모여서 쌓인 것 같다.

ノ丁水水	十土去去	一丆不不	彳行復復	冂同同回
水水水	去去去	不不不	復復復	回回回

水 去 不 復 回

물 수	갈 거	아니 불	다시 부	돌아올 회

水去不復回(수거불부회) 물은 한 번 흘러가면 다시 돌아오지 않고

二言言言	屮中出出	堇菓難難	一亘更更	丩屮收收
言言言	出出出	難難難	更更更	收收收

言 出 難 更 收

말씀 언	날 출	어려울 난	다시 갱	거둘 수

言出難更收(언출난갱수) 말은 한 번 하면 다시 거둘 수 없다.

脱 冠 翁 頭 白

| 벗을 탈 | 모자 관 | 늙을 옹 | 머리 두 | 흰 백 |

脱冠翁頭白(탈관옹두백) 노인이 머리에 쓴 관을 벗으니 백발이고

開 襟 女 乳 圓

| 열 개 | 옷깃 금 | 계집 녀 | 젖 유 | 둥글 원 |

開襟女乳圓(개금녀유원) 여자가 옷깃을 여니 유방이 둥글고 아름답다.

月 爲 無 柄 扇

| 달 월 | 할 위 | 없을 무 | 자루 병 | 부채 선 |

月爲無柄扇(월위무병선) 반달을 보니 자루 없는 부채같고

星 作 絶 纓 珠

| 별 성 | 지을 작 | 끊을 절 | 갓끈 영 | 구슬 주 |

星作絶纓珠(성작절영주) 하늘의 별은 마치 흩어진 진주구슬 같다.

ㄏ ㄫ 馬 馬	彳 彳 行 行	馬 馬 駒 駒	ㅏ ㅏㅆ 隋 隨	彳 彳 彳 彳 後 後
馬 馬 る	行 行 り	駒 駒 豹	隨 隨 俉	後 後 後

馬 行 駒 隨 後

말 마	다닐 행	망아지 구	따를 수	뒤 후

馬行駒隨後(마행구수후) 말이 앞장서니 망아지가 뒤따라가고

ㅣ ㄴ ㅌ 牛	丰 耒 耔 耕	� 牿 犢 犢	ㄏ ㅏ 臣 臥	ㄏ 斤 原 原
牛 牛 生	耕 耕 耕	犢 犢 犢	臥 臥 臥	原 原 原

牛 耕 犢 臥 原

소 우	갈 경	송아지 독	누울 와	들 원

牛耕犢臥原(우경독와원) 소가 밭을 갈고 있는데 송아지는 들판에 누워 있다.

ㅣ 月 月	彳 广 仵 作	雨 雲 雲 雲	�門 門 門 間	釒 釒 鏡 鏡
月 月 ろ	作 伜 化	雲 雲 雲	間 間 古	鏡 鏡 鋶

月 作 雲 間 鏡

달 월	지을 작	구름 운	사이 간	거울 경

月作雲間鏡(월작운간경) 달이 뜨니 구름 사이의 거울처럼 보이고

几 冈 風 風	广 广 爲 爲	ノ 亇 竹 竹	彳 ネ 裡 裡	王 珏 瑟 琴
風 風 凤	爲 爲 为	竹 竹 竹	裡 裡 裡	琴 琴 琴

風 爲 竹 裡 琴

바람 풍	될 위	대 죽	속 리	거문고 금

風爲竹裡琴(풍위죽리금) 바람이 부니 대나무 숲에서 거문고 소리가 나는 성싶다.

綠 水 鷗 前 鏡

綠	水	鷗	前	鏡
푸를 록	물 수	갈매기 구	앞 전	거울 경

綠水鷗前鏡(녹수구전경) 맑은 물은 갈매기의 거울이 되고

靑 松 鶴 後 屛

靑	松	鶴	後	屛
푸를 청	소나무 송	학 학	뒤 후	병풍 병

靑松鶴後屛(청송학후병) 푸른 소나무는 학을 위하여 병풍을 만든다.

花 落 憐 不 掃

花	落	憐	不	掃
꽃 화	떨어질 락	가련할 련	아니 불	쓸 소

花落憐不掃(화락련불소) 꽃이 떨어지니 너무도 애련하여 차마 쓸지 못하고

月 明 愛 無 眠

月	明	愛	無	眠
달 월	밝을 명	사랑 애	없을 무	잘 면

月明愛無眠(월명애무면) 달이 휘영청 밝아 좀체로 잠들 수가 없다.

柳柳柳柳	冬冬色色	艹艹芋黄	今今今金	女娥嫩嫩
柳柳柳	色色毛	黄黄芪	金金金	嫩嫩嫩

柳 色 黄 金 嫩

버들 류　　빛 색　　누를 황　　쇠 금　　고울 눈

柳色黄金嫩(유색황금눈) 버드나무 빛깔은 황금같이 요염한 빛을 내고

禾利梨梨	艹艹花花	亻白白	雪雪雪雪	千禾香香
梨梨梨	花花乞	白白白	雪雪雪	香香香

梨 花 白 雪 香

배 리　　꽃 화　　흰 백　　눈 설　　향기 향

梨花白雪香(이화백설향) 배나무꽃은 흰 눈과 같이 희고 향기롭다.

丿月月	禾移移移	丨山山	景景影影	己己改改
月月月	移移移	山山山	影影影	改改改

月 移 山 影 改

달 월　　옮길 이　　뫼 산　　그림자 영　　고칠 개

月移山影改(월이산영개) 달이 옮기면 산 그림자가 자꾸 바뀌고

丨冂日日	一丁下	楒楼樓樓	疒疒痕痕	氵沙消消
日日日	下下六	樓樓橋	痕痕痕	消消消

日 下 樓 痕 消

날 일　　아래 하　　집 루　　흔적 흔　　사라질 소

日下樓痕消(일하누흔소) 해가 지면 집 그림자는 흔적이 없다.

宀自鳥鳥	下飛飛飛	木朾枝枝	一二	丿几月月
鳥鳥鳥	飛飛飛	枝枝枝	二二二	月月月

鳥 飛 枝 二 月

새 조	날 비	가지 지	두 이	달 월

鳥飛枝二月(조비지이월) 새가 나무가지에 앉았다가 팔락팔락 날아가고

几凨風風	口吹吹吹	華華葉葉	丿八	丿八分分
風風風	吹吹吹	葉葉葉	八八八	分分分

風 吹 葉 八 分

바람 풍	불 취	잎 엽	여덟 팔	나눌 분

風吹葉八分(풍취엽팔분) 바람이 불면 팔랑팔랑 나무잎이 휘날린다.

一二千天	匚巨長長	十土去去	二無無無	幸執執執
天天天	長長長	去去去	無無無	執執執

天 長 去 無 執

하늘 천	길 장	갈 거	없을 무	잡을 집

天長去無執(천장거무집) 하늘은 높고 멀어 가서 잡을 수가 없고

艹花花花	土耂老老	虫蛈蚰蝶	一丁不不	十才來來
花花花	老老老	蝶蝶蝶	不不不	來來來

花 老 蝶 不 來

꽃 화	늙을 로	나비 접	아니 불	올 래

花老蝶不來(화로접불래) 꽃이 시들면 나비는 오지 않는다.

短 池 孤 草 長

짧을 단　　못 지　　외로울 고　　풀 초　　길 장

短池孤草長(단지고초장) 작은 못에는 풀이 많이 자라지 못하고

通 市 求 利 來

통할 통　　저자 시　　구할 구　　이로울 리　　올 래

通市求利來(통시구리래) 시장에는 장사꾼이 이득을 찾아 많이 모여든다.

好 博 閑 忘 宅

좋을 호　　도박 박　　한가할 한　　잊을 망　　집 택

好博閑忘宅(호박한망택) 도박을 좋아하면 집안 일에는 관심이 없고

看 章 細 覺 情

볼 간　　글 장　　가늘 세　　생각할 각　　뜻 정

看章細覺情(간장세각정) 학문을 닦으려면 작은 일에 관심을 두지 말아야 한다.

듼 無 無 無	亅 扌 才 水	亠 亠 立 立	氵氵沙沙	囮 鷗 鷗 鷗
無無旡	水水氺	立立立	沙沙沙	鷗鷗鷗

無 水 立 沙 鷗

없을 무	물 수	설 립	모래 사	갈매기 구

無水立沙鷗(무수립사구) 물이 없는 모래사장에 갈매기는 서 있고

扌 扫 挏 排	艹 艹 苩 草	亠 亠 失 失	宀宀家家	虫 虬 蟻 蟻
排排挑	草草芓	失失失	家家家	蟻蟻蟻

排 草 失 家 蟻

밀칠 배	풀 초	잃을 실	집 가	개미 의

排草失家蟻(배초실가의) 풀이 없어지니 개미는 집을 잃어버린다.

艹 花 花 花	亻 亻 作 作	女 女 姆 娼	人 女 女	育 能 能 態
花花屯	作作作	娼娼娼	女女女	態態態

花 作 娼 女 態

꽃 화	지을 작	아름다운 창	계집 녀	모양 태

花作娼女態(화작창녀태) 아름다운 꽃은 미인의 얼굴 모양이고

木 松 松 松	宀宀守守	一 ナ 丈	一 二 夫 夫	丶心心心
松松松	守守守	丈丈丈	夫夫夫	心心心

松 守 丈 夫 心

소나무 송	지킬 수	장부 장	사내 부	마음 심

松守丈夫心(송수장부심) 소나무는 군자의 절개를 상징하니 장부 마음을 지킨다.

ノ 月月	云呈至到	一二尹天	丶心心心	广卢虍處
月月ろ	到到お	天天そ	心心心	處處叐

月 到 天 心 處

달 월	이를 도	하늘 천	마음 심	곳 처

月到天心處(월도천심처) 달은 하늘 가운데서 그 빛을 밝게 하고

几凢風風	十才來來	丿才水水	丆而面面	日旷時時
風風凤	來来本	水水彸	面面囬	時時吋

風 來 水 面 時

바람 풍	올 래	물 수	얼굴 면	때 시

風來水面時(풍래수면시) 바람이 부는 것은 수면이 먼저 안다.

一	月舟舡般	汀清清清	产音意意	吀吽味味
一一一	般般般	清清清	意意态	味味味

一 般 清 意 味

한 일	많을 반	맑을 청	뜻 의	맛 미

一般清意味(일반청의미) 장부의 마음은 항상 뜻을 맑게 하여야 하고

半半米料	彳律得得	丿小小少	丿人	ᅩ乍矢知
料料料	得得侣	少少少	人人人	知知知

料 得 少 人 知

셀 료	얻을 득	젊을 소	사람 인	알 지

料得少人知(요득소인지) 물욕에 젖어 돈을 욕심내니 소인임을 알겠다.

ㄷㄷ馬馬	彳行行	一二千	日甲里里	跑跒路路
馬馬馬	行行行	千千千	里里里	路路路
馬	行	千	里	路
말 마	다닐 행	일천 천	마을 리	길 로

馬行千里路(마행천리로) 말은 천리길을 달릴 수 있는 걸음이 있고

一ヒ生牛	丰耒耒耕	一ㄱ百百	一亩亩畝	冂冂用田
牛牛牛	耕耕耕	百百百	畝畝畝	田田田
牛	耕	百	畝	田
소 우	갈 경	일백 백	밭이랑 묘	밭 전

牛耕百畝田(우경백묘전) 황소는 백 이랑의 밭을 갈 수 있는 힘이 있다.

口罒吴吳	林埜楚楚	一車東東	冂內両南	圵圹圻
吳吳吳	楚楚楚	東東東	南南南	圻圻圻
吳	楚	東	南	圻
오나라 오	초나라 초	동녘 동	남녘 남	벌릴 탁

吳楚東南圻(오초동남탁) 오나라와 초나라는 동쪽과 남쪽으로 벌려 있고

古卓草乾	土坦坩坤	ㅣ冂月日	广夜夜夜	氵汈浮浮
乾乾乾	坤坤坤	日日日	夜夜夜	浮浮浮
乾	坤	日	夜	浮
하늘 건	땅 곤	날 일	밤 야	뜰 부

乾坤日夜浮(건곤일야부) 하늘과 땅은 낮과 밤으로 갈린다.

ノ刀月月	爫爫芦為	一ナ大	刂爿爿將	冖冒宣軍
月月ろ	為為夃	大大火	將將恦	軍軍軍

月 爲 大 將 軍

달 월	될 위	클 대	장수 장	군인 군

月爲大將軍(월위대장군) 밤하늘의 달은 대장군과 같고

甲早昌星	亻仵竹作	一丆百百	艹萬萬萬	亻自師師
星昆星	作佚佗	百百百	萬萬芧	師師竕

星 作 百 萬 師

별 성	지을 작	일백 백	일만 만	군사 사

星作百萬師(성작백만사) 별은 백만 군사와 같다.

丰青青青	木杓松松	一彐尹君	了子	筕筕筋節
青青岁	松松杪	君君尾	子子子	節節竻

青 松 君 子 節

푸를 청	소나무 송	군자 군	아들 자	계절 절

青松君子節(청송군자절) 푸른 소나무는 군자의 절개를 상징하고

糹糹紵綠	𠂉竹竹竹	歹列列烈	人女女	卜占貞貞
綠綠弥	竹竹竻	烈烈焬	女女如	貞貞貝

綠 竹 烈 女 貞

푸를 록	대나무 죽	빛날 렬	계집 녀	곧을 정

綠竹烈女貞(녹죽열녀정) 푸른 대나무는 열녀의 정절을 뜻한다.

十木村林	几同風風	氵泸泸涼	一ア不不	糺紿紹絶
林林林	風風风	涼涼泳	不不ふ	絶絶绝

林風涼不絶

수풀 림	바람 풍	서늘할 량	아니 불	끊을 절

林風涼不絶(임풍량불절) 수풀 사이에 부는 바람은 서늘함이 끊어지지 않으며

l 山山	ﾉ 刀月月	日 旷曉曉	ﾉ 仁仍仍	日 旫明明
山山山	月月彡	曉曉嗟	仍仍仍	明明㕥

山月曉仍明

뫼 산	달 월	새벽 요	거듭 잉	밝을 명

山月曉仍明(산월요잉명) 산에 걸려 있는 달은 새벽에 더욱 밝다.

一ナ大	冂甼旱旱	彳得得得	十廾廿甘	冖帀雨雨
大大火	旱旱旱	得得彳乃	甘甘甘	雨雨㕥

大旱得甘雨

클 대	가물 한	얻을 득	달 감	비 우

大旱得甘雨(대한득감우) 오랫동안 비가 오지 않다가 단비를 만나니

亻仆仲他	絈絈絈鄕	夅夆逢逢	古圡故故	ﾉ人
他他絁	鄕鄕乛	逢逢逢	故故圬	人人人

他鄕逢故人

다를 타	마을 향	만날 봉	옛 고	사람 인

他鄕逢故人(타향봉고인) 타향에서 옛 친구를 만난 것 같다.

白	日	莫	虛	送
흰 백	날 일	없을 막	빌 허	보낼 송

白日莫虛送(백일막허송) 세월을 뜻없이 보내지 말고 열심히 공부해야 하나니

青	春	不	再	來
푸를 청	봄 춘	아니 불	다시 재	올 래

青春不再來(청춘불재래) 젊은 시절은 두 번 다시 오지 않는다.

日	出	扶	桑	路
날 일	날 출	붙잡을 부	뽕나무 상	길 로

日出扶桑路(일출부상로) 해는 뽕나무밭 길 사이로 솟아오르고

暮	入	若	木	枝
저물 모	들 입	같을 약	나무 목	가지 지

暮入若木枝(모입약목지) 질 때는 나무가지 위로 넘어가는 것 같다.

燕語雕樑晚

제비 연	말씀 어	독수리 조	들보 량	저물 만

燕語雕樑晚(연어조양만) 제비가 처마에서 우는 것은 독수리가 노리기 때문이요

鶯啼綠樹深

꾀꼬리 앵	울 제	푸를 록	나무 수	깊을 심

鶯啼綠樹深(앵제녹수심) 꾀꼬리가 우는 것은 숲이 우거졌기 때문이다.

山深然後寺

뫼 산	깊을 심	그대로 연	뒤 후	절 사

山深然後寺(산심연후사) 산이 깊어야만 뒤쪽에 절을 짓는 법이고

花落以前春

꽃 화	떨어질 락	써 이	앞 전	봄 춘

花落以前春(화락이전춘) 꽃이 떨어지지 않으니 아직 봄이다.

猿猿猿猿　嘯嘯嘯嘯　凡凡風風　中中中　斷斷斷斷
猿猿猿　嘯嘯嘯　風風凡　中中中　斷斷斷

猿嘯風中斷

원숭이 원　휘파람 소　바람 풍　가운데 중　끊어질 단

猿嘯風中斷(원소풍중단) 원숭이 울음소리가 바람소리에 끊어지고

渔渔漁漁　可哥歌歌　丿月月月　一丁下　門門聞聞
漁漁漁　歌歌歌　月月る　下下い　聞聞另

漁歌月下聞

고기잡을 어　노래 가　달 월　아래 하　들을 문

漁歌月下聞(어가월하문) 어부의 노래소리가 달빛 아래서 들린다.

丨山山　宀臽鳥鳥　一丁下　厂厈廳廳　亼仐舍舍
山山山　鳥鳥ら　下下い　廳廳庭　舍舍ゑ

山鳥下廳舍

뫼 산　새 조　아래 하　들을 청　집 사

山鳥下廳舍(산조하청사) 산새가 집안 대청에 내려오고

汇添添添　艹花花花　艹茨落落　汇酒酒酒　丨ㄇㅁ中
添添添　花花む　落落庅　酒酒酒　中中中

添花落酒中

더할 첨　꽃 화　떨어질 락　술 주　가운데 중

添花落酒中(첨화락주중) 아름다운 꽃은 술잔에 떨어진다.

ノ人	ノ八分分	一二千	日甲甲里	クタ外外
人人人	分分分	千千千	里里里	外外外
人	分	千	里	外
사람 인	분수 분	일천 천	마을 리	바깥 외

人分千里外(인분천리외) 친구는 천 리 밖에 떨어져 있고

用用用興	ナ大在在	一	朴朴朴杯	丨口口中
興興興	在在在	一一一	杯杯杯	中中中
興	在	一	杯	中
일어날 흥	있을 재	한 일	잔 배	가운데 중

興在一杯中(흥재일배중) 즐기고 노는 것은 술 한 잔 속에 있다.

扌扌扚掬	ノオオ水	ノ刀月月	ナ大在在	一二三手
掬掬掬	水水水	月月月	在在在	手手手
掬	水	月	在	手
움켜쥘 국	물 수	달 월	있을 재	손 수

掬水月在手(국수월재수) 두 손으로 물을 떠보니 달 또한 손 가운데 있고

丁王王弄	艹花花花	千禾香香	滿滿滿滿	ナ大衣衣衣
弄弄弄	花花花	香香香	滿滿滿	衣衣衣
弄	花	香	滿	衣
희롱할 롱	꽃 화	향기 향	가득할 만	옷 의

弄花香滿衣(농화향만의) 꽃을 갖고 놀았더니 그 향기가 옷에 가득 배어 있다.

朋 開 閉 興	十 才 來 來	亡 無 無 無	克 赱 遠 遠	尸 斤 沂 近
興 興 興	來 来 未	無 無 考	遠 遠 遠	近 近 近

興	來	無	遠	近
일어날 홍	올 래	없을 무	멀 원	가까울 근

興來無遠近(흥래무원근) 행복이나 즐거움은 멀고 가까운 곳이 없이 오고

公 谷 谷 欲	十 去 去 去	忄 忄 惜 惜	艹 芊 芳 芳	艹 芓 菲 菲
欲 欲 欹	去 去 去	惜 惜 惜	芳 芳 考	菲 菲 菲

欲	去	惜	芳	菲
하고자할 욕	갈 거	애석할 석	향기 방	향기로울 비

欲去惜芳菲(욕거석방비) 가고자 하니 꽃의 향기가 마음을 붙들고 있다.

雲 雲 雲 雲	亻 伫 作 作	一 二 千	尸 屌 屄 層	岁 㞿 峯 峯
雲 雲 雲	作 作 伦	千 千 千	層 層 層	峰 峰 峰

雲	作	千	層	峰
구름 운	지을 작	일천 천	충계 충	봉우리 봉

雲作千層峰(운작천충봉) 구름은 천 가지나 넘는 충계와 봉우리를 만들고

虫 虹 虹 虹	爫 伫 爲 爲	一 丁 百 百	フ 尸 尺	栌 柹 橋 橋
虹 虹 虫	爲 爲 為	百 百 百	尺 尺 尺	橋 橋 橋

虹	爲	百	尺	橋
무지개 홍	할 위	일백 백	자 척	다리 교

虹爲百尺橋(홍위백척교) 무지개는 백 자나 되는 다리를 만든다.

扌 扫 捐 掃
掃 掃 掃
쓸 소

十 打 地 地
地 地 地
땅 지

艹 苎 甚 黃
黃 黃 芰
누를 황

今 今 金 金
金 金 釜
쇠 금

屮 屮 出 出
出 出 屮
날 출

掃 地 黃 金 出

掃地黃金出(소지황금출) 일찍 일어나 땅을 쓸면 황금이 나오고

門 門 門 開
開 開 开
열 개

門 門 門 門
門 門 门
문 문

苣 萬 萬 萬
萬 萬 芳
일만 만

祁 祁 福 福
福 福 祸
복 복

十 求 來 來
來 来 来
올 래

開 門 萬 福 來

開門萬福來(개문만복래) 새벽에 문을 여니 만 가지 복이 온다.

汇 沪 涉 洗
洗 洗 浣
씻을 세

石 砢 硯 硯
硯 硯 砚
벼루 연

仵 畬 魚 魚
魚 魚 鱼
고기 어

二 チ 天 呑
呑 呑 吞
삼킬 탄

罒 甲 黑 墨
墨 墨 黑
먹 묵

洗 硯 魚 呑 墨

洗硯魚呑墨(세연어탄묵) 연못가에서 벼루를 씻으니 고기가 먹물을 삼키고

亠 言 亨 烹
烹 烹 烹
삶을 팽

艹 苂 苯 茶
茶 茶 茶
차 다

鹤 鹤 鶴 鶴
鶴 鶴 鹤
학 학

乛 睅 辟 避
避 避 避
피할 피

火 炉 煙 煙
煙 煙 煙
연기 연

烹 茶 鶴 避 煙

烹茶鶴避煙(팽다학피연) 선경에 차를 달여 먹으려 하니 학은 연기 피하여 날아간다.

柳 塘 春 水 漫

버들 류　　못 당　　봄 춘　　물 수　　아득할 만

柳塘春水漫(유당춘수만) 연못가에 버들이 늘어져 있으니 봄 물은 천천히 흐르고

花 塢 夕 陽 遲

꽃 화　　둑 오　　저녁 석　　해 양　　더딜 지

花塢夕陽遲(화오석양지) 산등성에 꽃이 만발하니 석양도 더디간다.

白 蝶 紛 紛 雪

흰 백　　나비 접　　어지러울 분　　어지러울 분　　눈 설

白蝶紛紛雪(백접분분설) 흰나비가 날아가니 흰눈이 내리는 것 같고

黃 鶯 片 片 金

누를 황　　꾀꼬리 앵　　조각 편　　조각 편　　황금 금

黃鶯片片金(황앵편편금) 누런 빛 꾀꼬리 날으니 여러 조각의 황금 쏟아지는 것 같다.

'一ナ文	音音章章	十木李李	一ナ大太	'ㄇ白白
文文文	章章亨	李李李	太太ふ	白白白

文	章	李	太	白
글월 문	글 장	성씨 이	클 태	흰 백

文章李太白(문장이태백) 세상에 글과 시를 잘한 사람 중에서 이태백이 제일이요

筆筆筆筆	氵汴泮法	一丁干王	羊羔養義	ㄅ之之之
筆筆筆	法法泫	王五王	義義義	之之之

筆	法	王	義	之
붓 필	법 법	임금 왕	기운 희	갈 지

筆法王義之(필법왕희지) 글자를 잘 쓰는 명필가로는 왕희지가 으뜸이다.

二夫春春	产音意意	仁無無無	丿八分分	ㅁ另另別
春春杏	意意忘	無無烝	分分3	別別が

春	意	無	分	別
봄 춘	뜻 의	없을 무	나눌 분	다를 별

春意無分別(준의무분별) 봄철이 오면 마음은 분별할 수가 없으니

丿人	忄情情情	广才有有	氵沪浅淺	氵汇浑深
人人人	情情悟	有有ゟ	淺淺洝	深深以

人	情	有	淺	深
사람 인	뜻 정	있을 유	물얕을 천	깊을 심

人情有淺深(인정유천심) 인간의 정은 깊고 얕음이 있다.

初月將軍弓

初	月	將	軍	弓
처음 초	달 월	장수 장	군사 군	활 궁

初月將軍弓 (초월장군궁) 초생달은 장군의 활과 같이 생겼고

流星壯士矢

流	星	壯	士	矢
흐를 류	별 성	장사 장	선비 사	화살 시

流星壯士矢 (유성장사시) 먼 하늘 별이 흘러가니 장사가 쏘아보낸 화살같다.

氷解魚初躍

氷	解	魚	初	躍
얼음 빙	풀 해	고기 어	처음 초	뛸 약

氷解魚初躍 (빙해어초약) 봄철에 얼음이 깨어지니 고기가 먼저 뛰어오르고

風和雁欲歸

風	和	雁	欲	歸
바람 풍	화할 화	기러기 안	하고자할 욕	돌아갈 귀

風和雁欲歸 (풍화안욕귀) 봄이 오려고 하니 기러기는 북으로 바삐 날아간다.

高高高高	｜山山山	｀丆白白	雲雲雲雲	丰走起起
高高亏	山山山	白白白	雲雲云	起起起
高	山	白	雲	起
높을 고	뫼 산	흰 백	구름 운	일어날 기

高山白雲起(고산백운기) 높은 산에는 흰구름이 하늘 높이 피어나고

市丙丙南	厂厅原原	艹芦芳芳	艹芏草草	糸糹紵綠
南南亏	原原尿	芳芳芳	草草艹	綠綠孙
南	原	芳	草	綠
남녘 남	언덕 원	향기 방	풀 초	푸를 록

南原芳草綠(남원방초록) 남쪽 언덕에는 향기로운 풀들이 무성하고 푸르다.

´ ハ グ 父	口母母母	一二千	匕乍乍年	吉壴壽壽
父父父	母母毋	千千千	年年年	壽壽壽
父	母	千	年	壽
아버지 부	어머니 모	일천 천	해 년	목숨 수

父母千年壽(부모천년수) 부모님께서 오래오래 살아 계시기를 기원하고

了子	孑孑孫孫	莒萬萬萬	十廿廿世	* 炏炏榮
子子子	孫孫孙	萬萬萬	世世世	榮榮榮
子	孫	萬	世	榮
아들 자	손자 손	일만 만	세상 세	영화 영

子孫萬世榮(자손만세영) 자손들은 만세를 영화롭게 번성하기를 기원한다.

竹 筍 尖 如 筆

대 죽　　대나무 순　　뾰족할 첨　　같을 여　　붓 필

竹筍尖如筆(죽순첨여필) 대나무의 어린 순은 마치 붓과 같고

松 葉 細 似 針

소나무 송　　잎 엽　　가늘 세　　같을 사　　바늘 침

松葉細似針(송엽세사침) 소나무의 잎은 가는 침과 같다.

水 連 天 共 碧

물 수　　이을 련　　하늘 천　　한가지 공　　푸를 벽

水連天共碧(수련천공벽) 수평선에 닿은 하늘은 똑같이 푸르고

風 與 月 雙 清

바람 풍　　더불 여　　달 월　　두 쌍　　맑을 청

風與月雙清(풍여월쌍청) 바람과 달빛은 서로 어울려 맑다.

冂 日 由 曳	十 才 杖 杖	一 厂 石 石	刿 鷄 鷄 鷄	刿 鷄 鷄 鷄
曳 曳 乞	杖 杖 杖	石 石 石	鷄 鷄 稭	鷄 鷄 稭

曳 杖 石 鷄 鷄

끌 예   지팡이 장   돌 석   닭 계   닭 계

曳杖石鷄鷄(예장석계계) 돌이 깔려 있는 길을 지팡이를 끌고 가니 닭들이 놀라 떠들고

亻 代 伐 伐	一 十 才 木	丨 屮 山	矢 矢 雉 雉	矢 矢 雉 雉
伐 伐 伐	木 末 才	山 山 山	雉 雉 锥	雉 雉 锥

伐 木 山 雉 雉

칠 벌   나무 목   뫼 산   꿩 치   꿩 치

伐木山雉雉(벌목산치치) 산 속에서 나무를 베니 꿩들이 놀라 달아난다.

虫 蚰 蚺 蝶	丂 支 赹 翅	車 車 輕 輕	釆 番 翻 翻	米 籵 粆 粉
蝶 蝶 蛱	翅 翅 翅	輕 輕 挃	番羽 番羽 書羽	粉 粉 扮

蝶 翅 輕 翻 粉

나비 접   날개 시   가벼울 경   날 번   가루 분

蝶翅輕翻粉(접시경번분) 흰나비가 날면 하얀 밀가루가 흩날리는 것 같고

竹 竺 鶯 鶯	声 殸 聲 聲	一 丆 巧	口 咁 嚩 囀	竹 笁 簹 簧
鶯 鶯 鶯	聲 聲 孿	巧 巧 巧	囀 囀 喊	簧 簧 簋

鶯 聲 巧 囀 簧

꾀꼬리 앵   소리 성   교묘할 교   지저귈 전   생황 황

鶯聲巧囀簧(앵성교전황) 꾀꼬리의 울음소리는 말할 수 없이 아름다운 피리 소리처럼 들린다.

一 丁 五 五　　土 耂 老 老　　山 安 峯 峯　　爫 爫 爲 爲　　竺 等 筆 筆
五 五 五　　老 老 老　　峰 峰 峰　　爲 爲 爲　　筆 筆 筆

五 老 峰 爲 筆

다섯 오　　늙을 로　　봉우리 봉　　될 위　　붓 필

五老峰爲筆(오로봉위필) 천하에 이름 높은 다섯 산봉우리로 붓을 삼고

一 二 三　　氵 汁 沐 湘　　亻 仂 作 作　　石 矵 硯 硯　　氵 汋 池 池
三 三 三　　湘 湘 沐　　作 作 作　　硯 硯 硯　　池 池 池

三 湘 作 硯 池

셋 삼　　물이름 상　　만들 작　　벼루 연　　못 지

三湘作硯池(삼상작연지) 천하 으뜸가는 세 강을 먹물 만드는 벼루를 삼고 싶다.

主 青 青 青　　一 二 天 天　　一　　引 弡 張 張　　糸 紅 紅 紙
青 青 青　　天 天 天　　一 一 一　　張 張 張　　紙 紙 紙

青 天 一 張 紙

푸를 청　　하늘 천　　한 일　　베풀 장　　종이 지

青天一張紙(청천일장지) 푸른 하늘로 넓은 종이를 만들어 펼치고

宀 宵 寫 寫　　手 我 我 我　　广 胛 腹 腹　　丨 冂 口 中　　言 詝 詩 詩
寫 寫 写　　我 我 我　　腹 腹 腹　　中 中 中　　詩 詩 诗

寫 我 腹 中 詩

쓸 사　　나 아　　배 복　　가운데 중　　글 시

寫我腹中詩(사아복중시) 내 마음속에 있는 아름다운 시를 베끼고 싶다.

十 十 村 林	亠 亩 高 亭	千 禾 利 秋	フ コ 己	日 旷 晚 晚
林 林 朴	亭 亭 亭	秋 秋 秝	己 己 己	晚 晚 晚

林 亭 秋 己 晚

수풀 림	정자 정	가을 추	이미 기	늦을 만

林亭秋己晚(임정추기만) 숲속의 정자에는 가을이 이미 깊어졌는데

馬 駅 駱 騷	宀 灾 客 客	卋 音 意 意	느 無 無 無	疒 窮 窮 窮
騷 騷 骚	客 客 疗	意 意 态	無 無 态	窮 窮 彩

騷 客 意 無 窮

소란할 소	손 객	뜻 의	없을 무	다할 궁

騷客意無窮(소객의무궁) 소란스러운 손님의 뜻은 헤아릴 수가 없다.

亩 袁 遠 遠	丿 才 氺 水	亘 車 連 連	一 二 干 天	珇 珀 珸 碧
遠 遠 迲	水 水 氺	連 連 连	天 天 飞	碧 碧 碧

遠 水 連 天 碧

멀 원	물 수	이을 련	하늘 천	푸를 벽

遠水連天碧(원수련천벽) 수평선과 하늘 끝은 맞닿은 것 같이 짙푸르고

雺 雪 霜 霜	机 楓 楓 楓	门 向 向	丨 冂 冂 日	糸 糸 紅 紅
霜 霜 霜	楓 楓 楓	向 向 向	日 日 日	紅 紅 紅

霜 楓 向 日 紅

서리 상	단풍나무 풍	향할 향	날 일	붉을 홍

霜楓向日紅(상풍향일홍) 단풍에 서리가 내리니 태양과 같이 붉다.

⎮山山	⼝⼀叶吐	孑扩孤孤	車軡輪輪	丿⺆月月
山山山	吐吐吐	孤孤孤	輪輪輪	月月⺼

山 吐 孤 輪 月

뫼 산	토할 토	외로울 고	수레바퀴 륜	달 월

山吐孤輪月 (산토고륜월) 산등성에 달이 뜨니 수레바퀴를 토해내는 것 같고

氵汀江江	亼今舍舍	茻萬萬萬	曰甲里里	几凨風風
江江江	舍舍舍	萬萬萬	里里里	風風風

江 舍 萬 里 風

강 강	머금을 함	일만 만	이 리	바람 풍

江含萬里風 (강함만리풍) 강은 만 리의 바람을 머금은 것 같다.

宀寒寒塞	氵沪鴻鴻	亻仃何何	广虍虛處	十土去去
塞塞塞	鴻鴻鴻	何何何	處處處	去去去

塞 鴻 何 處 去

변방 새	기러기 홍	어찌 하	곳 처	갈 거

塞鴻何處去 (새홍하처거) 하늘가에 있는 기러기는 그 가는 곳을 모르겠고

声殸聲聲	㡭㡭斷斷	茻茣莫暮	干雩雲雲	⎮⼝中中
聲聲聲	斷斷斷	暮暮暮	雲雲雲	中中中

聲 斷 暮 雲 中

소리 성	끊을 단	저물 모	구름 운	가운데 중

聲斷暮雲中 (성단모운중) 울음소리만 석양 구름 속에 이어졌다 끊어졌다 한다.

ㅋㅋ尹君	ナオ在在	厂厈匝臣	ᅩ生生先	ㄅ歹死死死
君君尺	在在左	臣臣臣	先先先	死死死
君	在	臣	先	死
임금 군	있을 재	신하 신	먼저 선	죽을 사

君在臣先死(군재신선사) 임금이 아직 생존해 있는데 신하가 먼저 죽고

口毋毋母	ナオ在在	了子	ᅩ生生先	ㄅ歹死死死
母母㚣	在在左	子子子	先先先	死死死
母	在	子	先	死
어머니 모	있을 재	아들 자	먼저 선	죽을 사

母在子先死(모재자선사) 부모가 살아계신데 자식이 먼저 세상을 떠났다.

比比皆皆	ㅋㅋ非非	厂厈匝臣	了子	羊孝義義
皆皆竻	非非非	臣臣臣	子子子	義義義
皆	非	臣	子	義
다 개	아닐 비	신하 신	아들 자	옳을 의

皆非臣子義(개비신자의) 그 누구도 신하와 자식의 도리를 다하지 않으면 안되나

ᅩ無無無	ㅊ夻夳奈	ㄅ歹死死死	ㅎ方於於	ㄅ歹死死死
無無无	奈奈奈	死死死	於於お	死死死
無	奈	死	於	死
없을 무	어찌 내	죽을 사	어조사 어	죽을 사

無奈死於死(무내사어사) 인간이 어찌 죽음에서 벗어날 수 있으랴.

喜 瞉 擊 擊	吉 責 뮯 鼓	伋 伴 伴 催	ノ 人 人	厷 合 命 命
擊 擊 擊	鼓 鼓 鼓	催 催 催	人 人 人	命 命 命
擊	**鼓**	**催**	**人**	**命**
칠 격	북 고	재촉할 최	사람 인	목숨 명

擊鼓催人命(격고최인명) 처형장의 북소리는 죄인의 생명을 재촉하고

覀 西 西 西	几 冏 風 風	I 冂 日 日	公 谷 谷 欲	予 余 斜 斜
西 西 西	風 風 凩	日 日 日	欲 欲 欲	斜 斜 斜
西	**風**	**日**	**欲**	**斜**
서녘 서	바람 풍	날 일	하고자할 욕	빗길 사

西風日欲斜(서풍일욕사) 서풍이 부니 해는 서산으로 넘어가려고 한다.

芋 芇 荋 黃	白 皁 臮 泉	無 無 無	宀 宊 客 客	广 庐 店 店
黃 黃 苃	泉 泉 泉	無 無 㤀	客 客 客	店 店 店
黃	**泉**	**無**	**客**	**店**
누를 황	샘 천	없을 무	손 객	상점 점

黃泉無客店(황천무객점) 황천으로 가는 길에는 주막 조차 없다는데

ノ 人 今 今	广 夜 夜 夜	宀 宧 宿 宿	訷 計 計 誰	宀 宇 家 家
今 今 今	夜 夜 犳	宿 宿 宿	誰 誰 誰	家 家 家
今	**夜**	**宿**	**誰**	**家**
이제 금	밤 야	잘 숙	누구 수	집 가

今夜宿誰家(금야숙수가) 오늘밤은 뉘 집에서 잠을 자고 갈거나.

千禾和秋	几凤風風	叩吖吽唯	⺿ 艹苦苦	吅吟吟吟
秋秋扰	風風风	唯唯唯	苦苦굼	吟吟吟

秋風唯苦吟

가을 추　　바람 풍　　오직 유　　쓸 고　　읊을 음

秋風唯苦吟(추풍유고음) 가을 바람은 쓸쓸하게 들리고 울적한데

十卄丗世	⻊跖踉路	丿小小少	⺈�矢知	辛立音音
世世も	路路诏	少尐少	知知知	音音音

世路少知音

세상 세　　길 로　　젊을 소　　알 지　　소리 음

世路少知音(세로소지음) 세월이 흘러가는 것을 우리가 어찌 알 수 있으랴.

宀空窓窓	クタ外外	一二三	一百更更	丆币雨雨
窓窓宏	外外夘	三三乞	更更夏	雨雨甬

窓外三更雨

창문 창　　바깥 외　　셋 삼　　지날 경　　비 우

窓外三更雨(창외삼경우) 한밤중 창밖에 비가 내리고

灯烞燈燈	广肖前前	莒萬萬萬	曰甲里里	丶⺗心心
燈燈烃	前前荮	萬萬苐	里里乥	心心㣺

燈前萬里心

등잔 등　　앞 전　　일만 만　　이 리　　마음 심

燈前萬里心(등전만리심) 등잔불을 보니 만 리나 떨어진 고향 생각이 절로 난다.

一十	一丁五五	走走越越	氵汐溪溪	人女女
十十十	五五己	越越越	溪溪淀	女女妁

十 五 越 溪 女

열 십	다섯 오	넘을 월	시내 계	계집 녀

十五越溪女(십오월계녀) 십오세의 아리따운 처녀가 시내를 건너가니

羊羞羞羞	丿人	二無無無	訂諳語語	口号另別
羞羞蓋	人人人	無無老	語語语	別別另

羞 人 無 語 別

부끄러울 수	사람 인	없을 무	말씀 어	이별 별

羞人無語別(수인무어별) 보는 사람들마다 말을 잃고 넋이 빠져 있다.

自訁歸歸	十才來來	扌扴掊掩	亠言重重	冂門門門
歸歸㱕	來来未	掩掩掩	重重重	門門㐅

歸 來 掩 重 門

돌아갈 귀	올 래	가둘 엄	거듭 중	문 문

歸來掩重門(귀래엄중문) 돌아오는 길에는 문을 엄중히 단속하고

氵氵汙泣	冂向向	禾利犁梨	艹花花花	丿月月月
泣泣泣	向向向	梨梨梨	花花む	月月る

泣 向 梨 花 月

울 읍	향할 향	배나무 리	꽃 화	달 월

泣向梨花月(읍향이화월) 달빛 아래 배나무꽃을 향하여 읊조리네.

73

日 昨 昨 昨 昨 昨 吃	冎 咼 過 過 過 過 過	亅 才 永 永 永 永 永	日 明 明 明 明 明 咆	士 士 寺 寺 寺 寺 寺
昨	過	永	明	寺
어제 작	지날 과	길 영	밝을 명	절 사

昨過永明寺(작과영명사) 어제는 천하에 유명한 영명사 지나오는 길에

車 斬 斬 暫 暫 暫 智	癶 癶 登 登 登 登 쯩	氵 沪 浮 浮 浮 浮 浮	王 珀 珼 碧 碧 碧 碧	棋 楗 樓 樓 樓 樓 樓
暫	登	浮	碧	樓
잠시 잠	오를 등	뜰 부	푸를 벽	누각 루

暫登浮碧樓(잠등부벽루) 잠시 부벽루 정자에 올라 경치를 구경한다.

圤 城 城 城 城 城 城	宀 穴 空 空 空 空 空	丿 月 月 月 月 月 冫	一 一 一 一	丿 丿 片 片 片 片 片
城	空	月	一	片
성곽 성	빌 공	달 월	한 일	조각 편

城空月一片(성공월일편) 옛 성은 쓸쓸하게 비어 있고 달빛만 휘황한데

一 厂 石 石 石 石 石	土 耂 老 老 老 老 老	雨 雪 雲 雲 雲 雲 雲	一 二 千 千 千 千	千 禾 秌 秋 秋 秋 秋
石	老	雲	千	秋
돌 석	늙을 로	구름 운	일천 천	가을 추

石老雲千秋(석로운천추) 이끼 낀 돌만이 천 년의 세월을 알린다.

戶 虍 麟 麟	厂 币 馬 馬	十 土 去 去	一 丁 不 不	厂 反 返 返
麟 麟 麟	馬 馬 る	去 去 去	不 不 ふ	返 返 返

麟 馬 去 不 返

기린 린	말 마	갈 거	아니 불	돌아올 반

麟馬去不返(인마거불반) 기린과 말은 달려가면 다시 돌아오지 않고

一 二 于 天	子 孑 孫 孫	亻 亻 佢 何	广 卢 虍 處	㫃 㫃 游 遊
天 天 て	孫 孫 孫	何 何 ぽ	處 處 处	遊 遊 遊

天 孫 何 處 遊

하늘 천	손자 손	어찌 하	곳 처	놀 유

天孫何處遊(천손하처유) 젊은이들은 어느 곳이나 다니면서 놀고 있을까.

戶 镸 镸 長	口 口 叩 嘯	亻 伫 佇 倚	几 凨 風 風	炒 炒 燈 燈
長 長 长	嘯 嘯 嘯	倚 倚 倚	風 風 凤	燈 燈 燈

長 嘯 倚 風 燈

길 장	휘파람 소	의지할 의	바람 풍	등잔 등

長嘯倚風燈(장소의풍등) 휘파람소리는 바람과 함께 돌담을 넘어 멀리 퍼지고

丨 山 山	主 青 青 青	氵 氵 江 江	冂 自 自	广 氵 流 流
山 山 山	青 青 青	江 江 江	自 自 白	流 流 流

山 青 江 自 流

뫼 산	푸를 청	강 강	스스로 자	흐를 류

山青江自流(산청강자류) 푸른 산을 옆에 끼고 강물은 유유히 흘러간다.

ㅣ 기 자 水	同 國 國 國	千 禾 禾 秋	ㅗ 业 业 光	莫 莫 莫 暮
水 水 氷	國 國 國	秋 秋 秌	光 光 光	暮 暮 薯
水	**國**	**秋**	**光**	**暮**
물 수	나라 국	가을 추	빛 광	저물 모

水國秋光暮(수국추광모) 바닷가의 가을 하늘은 점점 어두워지고

敬 驚 驚 驚	宀 宲 寒 寒	厂 厏 厏 雁	阝 阿 陌 陣	亠 高 高 高
驚 驚 鴛	寒 寒 宲	雁 雁 厏	陣 陣 阡	高 高 亩
驚	**寒**	**雁**	**陣**	**高**
놀랠 경	찰 한	기러기 안	진칠 진	높을 고

驚寒雁陣高(경한안진고) 날씨가 차가워지니 기러기떼는 높이 날아간다.

百 直 憂 憂	ㅗ 心 心 心	車 軒 輾 輾	車 轉 轉 轉	广 夜 夜 夜
憂 憂 憂	心 心 忆	輾 輾 辗	轉 轉 转	夜 夜 招
憂	**心**	**輾**	**轉**	**夜**
근심할 우	마음 심	돌아누울 전	굴릴 전	밤 야

憂心輾轉夜(우심전전야) 울적한 마음 으로 온밤을 꼬박 새우니

歹 死 殘 殘	ㅣ 月 月	日 昭 昭 照	ㄱ ㄱ ㅋ 弓	ㄱ 刀
殘 殘 珍	月 月 刁	照 照 炤	弓 弓 ㅋ	刀 刀 刀
殘	**月**	**照**	**弓**	**刀**
쇠잔할 잔	달 월	비출 조	활 궁	칼 도

殘月照弓刀(잔월조궁도) 서편으로 지는 이즈러진 달 모양이 마치 궁도같다.

春 봄춘　雨 비우　細 가늘세　不 아니불　滴 적실적

春雨細不滴(춘우세불적) 봄철의 이슬비는 옷깃을 적시지 못하고

夜 밤야　中 가운데중　微 가늘미　有 있을유　聲 소리성

夜中微有聲(야중미유성) 깊은 밤에 작은 소리만 들린다.

雪 눈설　盡 다할진　南 남녘남　溪 시내계　漲 넘칠창

雪盡南溪漲(설진남계창) 봄철에 눈이 녹으니 남쪽 시냇물은 넘칠듯이 흐르고

草 풀초　芽 씨앗아　多 많을다　少 젊을소　生 날생

草芽多少生(초아다소생) 풀잎의 싹들은 다투어 자란다.

狾獝獨獨	丷坐坐坐	二無無無	十才來來	宀灾客客
獨獨狗	坐坐坐	無無名	來來耒	客客多
獨	**坐**	**無**	**來**	**客**
홀로 독	앉을 좌	없을 무	올 래	손 객

獨坐無來客(독좌무래객) 아무도 찾아오는 이 없이 홀로 앉아 있으니

宀穴空空	广庄庭庭	丏雨雨雨	气氕氣氣	昏氏昏昏
空空空	庭庭庄	雨雨石	氣氣黃	昏昏昏
空	**庭**	**雨**	**氣**	**昏**
빌 공	뜰 정	비 우	기운 기	날저물 혼

空庭雨氣昏(공정우기혼) 정원은 텅 비어 있고 석양의 부슬비와 함께 날이 저문다.

勹角魚魚	扌护挼搖	艹花荷荷	茻葉葉葉	車重動動
魚魚鱼	搖搖搖	荷荷荷	葉葉葵	動動動
魚	**搖**	**荷**	**葉**	**動**
고기 어	움직일 요	연꽃 하	잎 엽	움직일 동

魚搖荷葉動(어요하엽동) 고기가 뛰어놀면 연꽃잎도 따라서 움직이고

艹昔鵲鵲	趵趵跡踏	栉橁樹樹	木朳梢梢	釆番翻翻
鵲鵲鵠	踏踏谙	樹樹樹	梢梢朾	番翻翻翻
鵲	**踏**	**樹**	**梢**	**翻**
까치 작	밟을 답	나무 수	나무끝 소	뒤집힐 번

鵲踏樹梢翻(작답수소번) 까치가 나무가지 끝을 걸어다니니 나무잎이 뒤집힌다.

琴	潤	絃	猶	響
거문고 금	꾸밀 윤	줄 현	오히려 유	소리 향

琴潤絃猶響(금윤현유향) 거문고 줄을 타니 소리가 더욱 곱게 들리고

爐	寒	火	尚	存
화로 로	찰 한	불 화	주장할 상	있을 존

爐寒火尚存(노한화상존) 화로에는 추위와 불이 함께 있다.

泥	途	妨	出	入
진흙 니	길 도	방해할 방	날 출	들 입

泥途妨出入(니도방출입) 진흙길은 오고가는 데 방해가 되어

終	日	可	關	門
마침 종	날 일	옳을 가	관문 관	문 문

終日可關門(종일가관문) 하루종일 걸어서야 겨우 관문에 도착한다.

見利思我見危援命

庚戌三月 於旅順獄中 大韓國人 安重根書

이로움을 보거든 정의를 생각하고 위태로움을 보거든 목숨을 주라.

一日不讀書口中生荊棘

庚戌三月 於旅順獄中 大韓國人 安重根書

하루라도 글을 읽지 않으면 입 안에 가시가 돋힌다.

黄金百萬兩不如一敎子

庚戌三月 於旅順獄中 大韓國人 安重根書

황금 백만 량도 자식 하나 가르침만 같지 못하다.

80

原本解說
孝經

　孝經(효경)은 책 이름인 동시에 '孝'
가 '經'과 합쳐짐으로써 부모와 자식의
관계가 한층 더 권위있는 관계로 되었
음을 의미하며, '孝'는 자식이 부모를
잘 섬기는 것을 뜻하고, '經'은 인간이
마땅히 지켜야 할 도리를 뜻하는 것이
다. 일찍이 효경은 고대 중국에 있어서
13권의 경서(經書) 중 '經'자가 붙어 이
름지어진 최초의 서적으로 공자와 그의
제자인 증자에 의해 만들어졌다.

　효경(孝經)은 날로 각박해지고 핵가
족화하는 현시대에 살고 있는 우리가
반드시 배우고 지켜야 할 생활 규범과
어른을 공경하는 법 등을 상세하게 가
르치는 말씀이며, 예부터 동방예의지
국(東方禮儀之國)이라 불리우는 우리
민족에게 있어서 효경은 논어(論語)와
더불어 필독서(必讀書)로 중요시되고
있다.

孝經
효 경

開宗明義章
개 종 명 의 장

인륜에 있어 지극 지선의 도는 **효**도이다.
옛 가르침과 덕의 근본 또한 **효**에서 비롯된 것이다.

仲尼閒居 ^{하실새} 曾子侍坐 ^라 子曰 參 ^{이어}
중 니 한 거　　증 자 시 좌　　자 왈　　삼

先王有至德要道 ^{하사} 以訓天下 ^라 民用
선 왕 유 지 덕 요 도　　이 훈 천 하　　민 용

和睦 ^{하고} 上下亡怨 ^{하니} 女知之乎 ^아 曾子
화 목　　상 하 망 원　　여 지 지 호　　증 자

避席曰 參弗敏 ^{이라} 何足以知之乎 ^{리까}
피 석 왈　　삼 불 민　　하 족 이 지 지 호

중니(仲尼)께서 모든 일에서 벗어나 한가로이 지내고 있을 때 증자(曾子)가 모시고 그 곁에 앉아 있었다. 공자께서 말씀하셨다.

"삼(參)아! 선대(先代)의 성왕(聖王)들께서는 지극한 덕과 사람이 반드시 실천해야 할 중요한 도를 갖추고 계셨으며, 그로써 천하를 다스렸다. 그러므로 백성들은 서로 화목하고 윗사람이나 아랫사람이나 원망이 없었다. 너는 그 지극한 덕과 중요한 도가 무엇인지 아느냐?"

증자가 자리에서 물러나며 말했다.

"삼은 총명하지 못하니 어찌 그것을 알 수 있겠습니까?"

㈜ ✻ **중니(仲尼)** : 공자의 자(子). 성은 공(孔)이며 이름은 구(丘). 중국 춘추시대 대철학자.
✻ **한거(閒居)** : 특별히 볼 일이 없이 한가하게 있는 것. ✻ **증자(曾子)** : 증삼(曾參)을 공경한 호칭으로 자는 자여(子輿)라 하며 공자의 제자이다. ✻ **선왕(先王)** : 선왕은 선대의 임금의

뜻이나 여기서는 중국 태고의 성인으로 요·순·우·탕·문·무(堯舜禹湯文武)등의 제왕을 가리킨것. 중국의 태고시대에는 그 역사의 기록에서 볼 수 있듯이 성인이 아니면 제왕이 될 수 없었다. ✽지덕(至德) : 지는 더이상 오를 수 없는 극(極) 곧 다함의 뜻이고, 덕은 완전한 선(善)을 가리킨 것으로 선의 가장 큰 것을 지덕이라 말했다. 효를 가리켜 지덕이라고도 한다. ✽요도(要道) : 도(道)를 꿰뚫는다는 뜻으로, 신의 마음과 같이 하늘이 명하는대로 바르게 행하여, 일심으로 바른 길을 걷는 것을 뜻한다. ✽망(亡) : 무(無)와 같이 쓰인다. ✽여(女) : 여(汝)와 같이 쓰인다. ✽피석(避席) : 스승이 무엇인가를 물으면 앉았다가도 물러서서 대답하는 것이 제자의 예의이다. 자기 스스로 이름을 부르는 것 또한 스승에 대한 예이다.

子曰 자왈　夫孝德之本也라 부효덕지본야　教之所繇生也라 교지소요생야　復坐吾語女하리라 부좌오어여　身體髮膚는 신체발부　受之父母라 수지부모　弗敢毀傷이 불감훼상　孝之始也요 효지시야　立身行道하고 입신행도　揚名於後世하야 양명어후세　以顯父母함이 이현부모　孝之終也라 효지종야　夫孝始於事親하야 부효시어사친　中於事君하고 중어사군　終於立身하니라 종어입신　大雅云 대아운　亡念爾祖聿 망념이조율　修其德이라나라 수기덕

공자께서 말씀하셨다.

"어버이를 공경하는 것은 덕의 근본이며, 선왕들이 가르치신 바도 효에서 비롯된 것이니라. 다시 앉거라. 내 너에게 얘기를 해주리라. 사람의 신체와 머리털과 피부는 모두 부모에게서 받은 것이니, 감히 이것을 손상시키지 않음이 바로 효의 시작이요, 몸을 세우고 도를 행하여 후세에 이름을 떨침으로써 부모를 빛나게 하는 것이 효를 다함이니라. 대저 효는 부모를 섬기는 데서 시작하여 임금을 섬기는 것이 그 다음이며 몸을 세우는 것이 그 끝이니라.

〈시경(詩經)〉대아(大雅)에 이르기를 '그대의 선조를 한시라도 잊지 말고 그 덕을 이어받아 닦아야 한다'라고 하였느니라."

즉, 이 장에서는 효라는 지극한 덕과 중요한 도가 선대의 성왕에 의해 창시된 이래, 효를 세상 모든 사람들에게 가르침으로써 백성은 서로 화목하고 윗사람과 아랫사람들 사이도 원망을 품는 일이 없이 모두 사람으로서 지켜야 할 도를 실천한다는, 선대의 성왕이 이상으로 하는 사회 실현에 대한 큰 포부를 나타내고 있다.

㉒ ＊ 덕(德) : 인·의·예·지·신(仁義禮智信)이 갖추어진 완전한 인격을 뜻한다. ＊ 교(教) : 덕에 도달하는 길을 가르치는 수단 ＊ 요(繇) : 유(由)와 같은 뜻을 갖는다. ＊ 부좌(復坐) : 이제 다시 한번 제자리에 돌아가서 앉으라는 말. ＊ 훼상(毀傷) : 몸에 상처를 내다. ＊ 입신행도(立身行道) : 입신은 사회에 나가서 자기의 지위를 확고하게 세워 출세한다는 뜻이며, 행도는 도를 행하다는 뜻이다. ＊ 사군(事君) : 임금을 섬기다. ＊ 대아(大雅) : 문인에 대하여 편지 겉봉 이름 밑에 쓰는 말. 여기서는 〈시경〉육의(六義)의 하나로 큰 정치에 관해 서술된 정악(正樂)의 편명(篇名). ＊ 율(聿) : 자진하여.

天子章
천 자 장

**부모를 섬김에 있어 사랑과 공경을 다하면 그 도덕적 가르침이 모든
사람들에게 퍼져 본받게 된다. 이것이 천자의 효이다.**

子曰 愛親者는 弗敢惡於人이요 敬親
자왈 애친자 불감오어인 경친

者는 弗敢慢於人이라 愛敬盡於事親하야
자 불감만어인 애경진어사친

而德教加於百姓하고 刑於四海하니 蓋天
이덕교가어백성 형어사해 개천

子之孝也야라 呂刑云 一人有慶이면 兆
자지효야 여형운 일인유경 조

民賴之라하니라
민뢰지

공자께서 말씀하셨다.

"어버이를 사랑하는 사람은 어떤 경우에도 결코 남을 미워하지 않으며, 어버이를 공경하는 사람은 감히 남을 업신여기지 않느니라. 어버이를 섬김에 사랑과 공경을 다하면 덕의 가르침이 백성에게 널리 퍼져 천하 사람들이 그것을 본받게 되느니라. 〈서경(書經)〉 여형(呂刑)에 이르기를 '천자(天子)가 훌륭한 행실을 하면 천하 모든 백성이 그에 의해 복을 받게 된다.'고 하였느니라."

즉, 이 장에서는 천자가 부모를 섬기는 일을 이야기함에 있어 천자 자신이 먼저 부모를 사랑하고 공경하며, 그것을 실천함으로써 천하 만민에게 효도의 본보기를 보여 주어 그들로 하여금 본받게 해야함을 강조하고 있으며, 효에 의한 정치의 근본은 결국 천자자신의 사랑과 존경을 중심으로 하는, 효도의 솔선수범에 있음을 역설하고 있다.

㊟　＊오어인(惡於人) : 사람을 미워하다. ＊만어인(慢於人) : 사람을 깔보다. ＊덕교(德教) : 도덕으로써 사람을 착한 길로 인도하는 가르침을 의미. ＊형(刑) : 본보기로 하여 따라가는 것. 법(法)과 같다. ＊개(蓋) : 발언사. 대저란 뜻. ＊여형(呂刑) : 보형이라고도 한다. 〈상서(尙書)〉에 수록된 편명. 〈상서〉는 〈서경(書經)〉의 옛날 이름으로, 중국의 요순 때부터 주나라 때까지의 정사에 관한 문서를 공자가 수집하여 편찬한 책이다. 3경 또는 5경의 하나. ＊조민(兆民) : 일반 국민을 말한다. 온 백성.

諸侯章
제 후 장

겸손과 절제의 덕으로써 효를 행하면 자신 뿐만아니라 자기가
거느리는 백성들도 화평해진다. 이것이 제후 된 자의 효이다.

子曰　居上不驕하면　高而不危요　制節
자왈　거상불교　고이불위　제절

謹度하면　滿而不溢이라　高而不危는　所以
근도　만이불일　고이불위　소이

長守貴也요　滿而不溢하면　所而長守富
장수귀야　만이불일　소이장수부

也라　富貴弗離其身然後에사　能保其社
야　부귀불이기신연후　능보기사

稷^{이요} 而和其民人^은 蓋諸侯之孝也^라
직　　　이화기민인　　　개제후지효야

詩云　戰戰兢兢^{하야} 如臨深淵^{이요} 如履
시운　전전긍긍　　　여임심연　　　여이

薄氷^{이라}
박빙^{니라}

공자께서 말씀하셨다.

"지도자로서 다른 사람 위에 있으면서도 교만하여 다른 사람에게 불손하거나 다른 사람을 업신여기거나 하지 않으면, 높은 지위에 있어도 자신을 멸망시키고 마침내는 국가까지도 멸망시키는 위험한 일은 없을 것이니라. 재산을 취급함에 있어 절제(節制)하고 한도(限度)를 잘 알아 삼가 지켜 간다면, 언제나 가득 차 있으면서도 넘치지 않으리라. 높은 지위에 있으면서도 자신을 위태롭게 하지 않는 것이 귀중한 재산을 오래도록 지키는 길이며, 가득 차 있으면서도 그 이상의 것을 구하지 않는 것이 행복을 오래도록 지키는 길이다. 효(孝)로써 부모를 섬기고, 바른 도에 따른 언행으로 얻은 부(富)와 높은 지위(地位)는 결코 잃어버리는 일이 없다. 그렇게 해야만 천자(天子)로 부터 하사(下賜)받은 국가를 편안하고 태평하게 유지할 수 있고 자기의 영지(領地)안의 백성을 화목하게 할 수 있다. 대개 이것이 제후(諸侯)된 자의 효이니라. 〈시경〉에 이르기를 '두려워하고 조심하기를 항상 깊은 연못에 임(臨)하고 얇은 얼음을 밟듯이 하라.'고 했느니라. 이와같이 제후된 자는 항상 두려워하고 조심하여 자신을 경계하고 삼가야 하느니라."

즉, 이 장에서는 제후의 영토라든가 영토 내의 백성은 모두 천자로부터 하사받은 것이며, 선대의 할아버지로부터 물려받은 것이므로 이것을 잘 지키지 않으면 안 된다는 입장에 입각하여 효도를 설명하고 있다. 더구나 제후는 한 나라의 신하나 백성보다 위에 있으므로 그 지위도 높다. 그러므로 제후된 자는 자기도 모르게 교만해지기 쉽다. 또 제후는 재정적으로 수입이 많으므로 자기도 모르게 사치에 빠지기도 쉽다. 그러므로 교만함을 경계하고 수입을 헤아려 지출을 억제해야 한다는 것이 주된 설명이다.

이 경계는 제후뿐만 아니라 일반 백성에게도 통하는 것이기는 하지만, 특히 천자와 제후는 군의 입장에 있기 때문에 이 제후장의 경계는 앞의 천자장과도 통하는 점이 있다.

㊟ ＊ 거상(居上) : 국민의 상층에 있는 자들로서 부호·귀족·고관 등의 사람들을 가리키는 말.＊ 교(驕) : 잘난 척 한다든지 사치에 흐른다든지 하는 것.＊ 고(高) : 상(上)과 같이 상층의 지위를 말한다. ＊ 제절(制節) : 신분에 알맞는 것을 말한다.＊ 근도(謹度) : 도는 법을 뜻하며, 법을 충실히 지켜 추호도 법에 저촉되지 않도록 하는 마음가짐을 말한다.＊ 일(溢) : 넘치는 것.＊ 사직(社稷) : 나라 또는 조정. 옛날 중국에서는 새로 나라를 세웠을 때에 천자나 제후가 새로 제단을 세워 제사를 지냈는데, 땅의 신을 사, 곡식의 신을 직이라 한데서 유래.＊ 전전긍긍

(戰戰兢兢) : 매우 두려워하여 조심하다. ✻이박빙(履薄氷) : 살얼음을 밟는 것.

卿大夫章
경 대 부 장

예법에 맞는 의복과 말과 행동, 이 세 가지를 완전히 갖추어야만
효자로서 완전하다 할 수 있다. 이것이 경대부의 효이다.

子曰　非先王之法服이면　不敢服이요　非
자왈　비선왕지법복　　불감복　　비

先王之法言이면　不敢道이요　非先王之德
선왕지법언　　불감도　　비선왕지덕

行이면　弗敢行이라　是故로　非法弗言이요　非
행　　불감행　　시고　비법불언　　비

道弗行이라　口無擇言하고　身無擇行이라　言
도불행　　구무택언　　신무택행　　언

滿天下亡口過하고　行滿天下亡怨惡라
만천하망구과　　행만천하망원오

三者備矣然後에사　能保其祿位하며　而守
삼자비의연후　　능보기녹위　　이수

其宗廟함이　蓋卿大夫之孝也라　詩云
기종묘　　개경대부지효야　시운

夙夜匪懈以事一人이라
　　　　　　　　　　　　니라
숙야비해이사일인

공자께서 말씀하셨다.

"옛날의 성왕(聖王)께서 제정하신 예법(禮法)에 맞는 의복이 아니면 결코 입지않고, 옛 날의
성왕께서 제정하신 예법에 맞는 말이 아니면 결코 말하지 아니하고, 옛날의 성왕께서 제정하신
도덕에 맞는 행동이 아니면 결코 행하지 않느니라. 그러므로 법이 아니면 말하지 아니하고 도

(道)가 아니면 행하지 아니하여 말을 함에 있어 말을 선택해서 할 일도 없으며 행동함에 있어서 선택해서 할 일도 없게 되느니라. 그리하여 말이 천하에 가득 차더라도 원한이나 미움이 없게 되느니라. 이 세가지를 갖추어야만 효자로서 완전하다 할 수 있다. 그런 후에야 능히 위로부터 받은 봉록과 지위를 보전할 수 있고 선조의 종묘를 지킬 수 있는 것이니라. 대개 이것이 경대부의 효이니라 〈시경〉에 이르기를 '아침부터 밤 늦게까지 게으름을 피우는 일 없이 천자를 섬긴다' 고 했느니라."

즉, 이 장에서는 경대부된 자는 아랫사람에게 흐트러진 몸가짐을 보이지 않으며 이로써 봉록과 지위를 유지하고 종묘를 지켜 선조의 제사를 끊이지 않게 하는 것을 효행이라 보았다.

㉜ ✻ 원오(怨惡) : 원망하고 미워함. ✻ 경대부(卿大夫) : 정치하는 사람. 경은 고대 중국의 관제에서 각 성에 있어 장관이상의 벼슬. 대부는 사(士)의 위이며 경 아래의 벼슬. 중국에서는 계급이 3등급으로 나뉜다. ✻ 숙야(夙夜) : 이른 아침과 깊은 밤. ✻ 비해(匪懈) : 태만하지 않음. 비(匪)자는 불(不)과 같이 쓰인다. ✻ 일인(一人) : 천자(天子)를 말한다. 일인지하 만인지상(一人之下 萬人之上)이란 영의정을 가리킨 말이다.

士人章
사 인 장

부모를 섬기는 공경과 사랑으로 인군을 섬기면 충이 되고, 형을 섬기는
도리로써 윗사람을 섬기면 순종이 된다. 이것이 사 된 자의 효이다.

子曰 資於事父以事母하니 其愛同이요
자왈 자어사부이사모 기애동

資於事父以事君하니 其敬同이라 故母取
자어사부이사군 기경동 고모취

其愛하고 而君取其敬하니 兼之者父也라
기애 이군취기경 겸지자부야

故以孝事君함이 則忠이요 以弟事長함이 則
고이효사군 즉충 이제사장 즉

順이라 忠順不失하고 以事其上然後에사 能
순 충순불실 이사기상연후 능

保其爵祿_{하고} 而守其祭祀_는 蓋士之孝
보 기 작 녹　　이 수 기 제 사　　개 사 지 효
也_라 詩云 夙興夜寐亡忝爾所生_{이라}_{니라}
야　시 운　숙 흥 야 매 망 첨 이 소 생

공자께서 말씀하셨다.

"아버지를 섬기는 것을 근본으로 하여 어머니를 섬기면 그것이 곧 어머니를 섬기는 사랑이며, 아버지를 섬기는 그대로의 태도로써 임금을 섬기면 그것이 곧 임금을 섬기는 공경이다. 그러므로 어머니를 섬김에 있어서는 아버지를 섬기는 그 사랑으로써 섬기고, 임금을 섬김에 있어서는 아버지를 섬기는 공경으로써 섬긴다. 어머니를 섬기는 사랑과 임금을 섬기는 공경 이 두가지를 모두 갖추고 있는것이 아버지를 섬기는 일이다. 그러므로 효(孝)로써 임금을 섬기면 곧 충(忠)이 되는 것이요, 공경하는 마음으로써 윗사람을 섬기면 곧 순종(順從)이 되느니라. 충과 순을 잃지 않고 윗사람을 섬긴 연후라야 능히 위로부터 하사받은 벼슬과 녹(祿)을 보전하고 그 제사를 지키게 될 것이니라. 이것이 사(士)된 자의 효인 것이다. 〈시경〉에 이르길 '아침에 일어나 밤늦게 잘때까지 자기를 낳아 준 이를 욕되게 하지 않도록 하라.'라고 했느니라."

즉, 이 장에서는 사된 자의 효도에는 사랑과 공경이 필요하며 이 둘은 아버지에 대한 효도에서 비롯된다. 또한 부모에 대한 효가 나아가서는 임금에 대한 충성으로 나아간다는 것이다.

㈜ ＊자(資) : 근본 혹은 기초로 삼는다는 뜻인데 표준이라는 말의 뜻에 가깝다. ＊제(弟) : 아우로 많이 쓰이나 여기서는 제(悌)와 같은 뜻인데,「공경할 제」로 읽고, 뜻 역시 형 또는 어른을 잘 섬기는 것. ＊작록(爵祿) : 직위와 봉록. ＊숙흥야매(夙興夜寐) : 아침에 일찍 일어나고 밤에는 늦게까지 자지 않으며 부지런히 일하는 것. ＊소생(所生) : 주로 자기가 낳은 자식을 가리키나 여기서는 부모를 가리킨다.

庶人章
서 인 장

농경에 힘써 생계를 넉넉하게 살찌게 하고 행동거지와 씀씀이를 삼가고 절약하여부모를 효양함에 힘쓴다. 이것이 서인의 효이다.

子曰 因天之時_에 就地之利_{하고} 謹身
자 왈　인 천 지 시　　취 지 지 리　　근 신

節用^{하야} 以養父母^{함이} 此庶人之孝也^라
절 용 이 양 부 모 차 서 인 지 효 야

공자께서 말씀하셨다.

"모든 존재의 근원인 하늘의 때, 즉 춘하추동(春夏秋冬)의 사시에 따르고 땅의 이로움으로써 농경에 힘쓰고, 자연의 은혜에 의해 생계가 넉넉해지면, 행동을 조심하고 씀씀이를 절약하여 어버이를 잘 받들어 모셔야 하느니라. 이것이 서인(庶人)의 효이니라."

즉, 이 장에서는 서된 자의 효도는 본업인 농경에 힘쓰고 부모의 뜻을 잘 받들고 봉양한다는 것이다.

㊟ ✳ **천지시(天之時)** : 사계(四季)의 절후(節侯)를 말한 것. 사계는 모든 생물을 기르는 자연이 베푸는 은혜이므로 이것을 틀리지 않게 이용하는 것을 천지시에 인한 것이라고 말한다. ✳ **지지리(地之利)** : 기후의 이용만으로는 오곡을 충분히 기를 수 없으므로 토지의 이용을 생각하지 않으면 안 된다. 중국과 같은 넓은 토지에 있어서는 지리적으로 농경지나 주거지를 충분히 고려하지 않으면 안 된다. 비가 오면 홍수가 나고, 청명한 날씨가 계속되면 물이 고갈되는 땅에서는 아무리 날씨를 이용하더라도 뜻대로 수확을 얻지 못하게 될 것이다. 농민 뿐만 아니라 상인도 천지시와 지지리가 일치하지 않으면 번창할 수 없다. ✳ **서인(庶人)** : 서민. 사(士)이하의 백성을 총칭한 것으로 보아도 좋다. ✳ **절용(節用)** : 절약하여 씀.

孝平章
효 평 장

천자에게나 서인에게나 효의 정신은 다름이 없이 중요하다.
부모를 섬기는 일과 출세하여 부모를 기쁘게 하지 못하면 재앙이 미친다.

子曰 故自天子以下^로 至于庶人^{하니}
자 왈 고 자 천 자 이 하 지 우 서 인

孝亡終始^요 而患不及者^는 未之有也
효 망 종 시 이 환 불 급 자 미 지 유 야

라.

공자께서 말씀하셨다.

"그러므로 위로는 천자(天子)로 부터 아래로는 평민에 이르기 까지 효의 정신은 다를것이 없다. 효도의 시작(부모를 섬기는 일)과 효도의 끝(몸을 세우는 일)을 완수하지 못하고도 고통 이나 재앙이 몸에 미치지 않는 일은 이제까지 없었느니라."

즉, 이 장에서는 효도란 지배자이건 피지배자이건간에, 남녀노소 누구를 막론하고 행하여야 할 인류의 도리란 것이다.

㈜ ＊망종시(亡終始) : 효행의 순서를 잃는 것. ＊환(患) : 재화. ＊불급자(不及者) : 미치지 않는다.

三才章
삼 재 장

효는 성인에 의해 명시된 천지 불변의 법칙과 질서로서 백성은
이를 따르고 본받음으로써 행위의 준칙으로 삼아야 한다.

曾子曰 甚哉^라 孝之大也^여 子曰
증 자 왈 심 재 효 지 대 야 자 왈

夫孝天之經也^요 地之誼也^요 民之行
부 효 천 지 경 야 지 지 의 야 민 지 행

也^라 天地之經^{이니} 而民是則之^라 則天
야 천 지 지 경 이 민 시 칙 지 칙 천

之明^{하야} 因地之利以訓天下^라 是以其
지 명 인 지 지 리 이 훈 천 하 시 이 기

教弗肅而成^{이요} 其政不嚴而治^라 先王
교 불 숙 이 성 기 정 불 엄 이 치 선 왕

見教之可以化民也^라 是故^로 先之以
견 교 지 가 이 화 민 야 시 고 선 지 이

博愛^{하야} 而民莫遺其親^{이요} 陳之以德誼
박 애 이 민 막 유 기 친 진 지 이 덕 의

而民興行^{이라} 先之以敬讓而民弗爭^{하고}
이 민 흥 행　　　　선 지 이 경 양 이 민 불 쟁

導之以禮樂而民和睦^{하고} 示之以好惡
도 지 이 예 악 이 민 화 목　　　시 지 이 호 오

而民知禁^{이라} 詩云　赫赫師尹^{이여} 民具
이 민 지 금　　시 운　　혁 혁 사 윤　　민 구

爾瞻^{이라}
이 첨　^{니라}

증자가 감격하였다.

"위대한 것이로구나! 효도가 그토록 큰 것입니까?"

그러자 공자께서 말씀하셨다.

"효란 만물을 생성하는 하늘의 변하지 않는 법칙이며, 만물을 기르는 땅의 영원한 질서이며, 하늘과 땅사이에 태어나 하늘과 땅의 성(性)을 갖고 있는 사람이 마땅히 행해야 할 바이니라. 효는, 성인에 의해 명시된 천지 불변의 법칙과 질서인 도이므로, 백성은 이 천지 불변의 도를 따르고 효도를 행위의 준칙으로 삼아야 한다. 그러므로 성인은 하늘에서 빛나는 태양과 달이 모든 것을 밝게 비추는 불변의 법칙임을 본받고 땅의 높고 낮음과 기름지고 메마름에 따라 만물을 배양하고 기르며, 이로써 성인은 널리 세상 사람들을 가르쳐 이끄는 것이다. 불변의 질서와 법칙에 따라 널리 세상 사람들을 가르치므로, 성인의 가르침은 특별히 엄숙하지 않아도 저절로 일깨워 지느니라. 옛날 덕이 높은 성왕들은 효도로써 백성을 가르쳐 선으로 이끌었느니라. 이로써 백성들은 자기의 부모에 정성을 다하여 모셨다. 백성에게 도덕과 의리로써 말함에 백성도 스스로 덕을 행하게 되었다. 성인은 겸손과 공경으로써 백성을 다스렸으므로 백성들은 다투지 않게 되었느니라. 예의범절과 음악으로 백성을 인도하니 백성은 화목하게 지내게 되었느니라. 성인은 선한 것을 칭찬하고 악한 것을 벌하여 이로써 백성을 이끌었으므로 백성은 하지 않아야 될 것이 있음을 알고 이를 행하지 않게 되었다. 〈시경〉에 이르기를 '찬란하게 빛나는 큰 스승 윤씨의 말 한 마디 행동 하나까지도 모든 백성이 우러러 보는 바이다.'라고 했느니라."

즉, 이 장에서는 효도는 하늘·땅·인간· 즉 삼재를 일관하는 변하지 않는 법칙이란 것이다.

효도의 근원은 부모로부터 시작하여 선조, 나아가서는 이들을 낳은 천지에 두고 있으며, 모든 덕 위에 군림하는 최고의 덕을 효로 보고 있다. 또 우주형성 만물창조의 최고의 원리로서 보며 이러한 천지불변의 법칙인 효로써 백성을 다스리면 백성들이 잘 다스려진다는 것이다. 즉, 효도의 덕화를 강조하고 있다.

孝治章
효 치 장

명철한 왕은 부모를 사랑하는 마음으로 어느 누구도 미워하지 않으니,
이것이 곧 사랑과 공경으로 나라를 다스리는 효치정치다.

子曰　昔者明王之以孝治天下也에
자왈　석자명왕지이효치천하야

弗敢遺小國之臣인데　而況於公侯伯子
불감유소국지신　이황어공후백자

男乎아　故得萬國之歡心하야　以事其先
남호　고득만국지환심　이사기선

王하니　治國者는　不敢侮於鰥寡인데　而況
왕　치국자　불감모어환과　이황

於士民乎아　故得百姓之歡心하고　以事
어사민호　고득백성지환심　이사

其先君이라　治家者는　弗敢失於臣妾之
기선군　치가자　불감실어신첩지

93

心^{인데} 而況於妻子乎^아 故得人之歡心
^{하야} 以事其親^{이라} 夫然故^로 生則親安之^{하고}
祭則鬼享之^라 是以天下和平^{하야} 災害
不生^{이요} 禍亂不作^{이라} 故明王之以孝治
天下也^이 如此^라 詩云 有覺德行^{하니}
四國順之^{라하니라}

심　이황어처자호　고득인지환심
하야　이사기친　부연고　생즉친안지
제즉귀향지　시이천하화평　재해
불생　화란부작　고명왕지이효치
천하야　여차　시운　유각덕행
사국순지

공자께서 말씀하셨다.

"옛날 명철한 임금이 효로써 천하를 다스릴 때에는 작은 나라의 신하라 할지라도 소홀히 대하는 일은 결코 없었거늘, 하물며 공(公)·후(侯)·백(伯)·자(子)·남(男)이랴. 그러한 까닭에 명철한 왕은 만국의 협력을 받아 그것으로써 선조의 제사에 정성을 다할 수 있었느니라. 나라를 다스리는 자는 왕이 효로써 천하를 다스리는 뜻을 받들어(명심하여) 홀아비나 과부라도 감히 업신 여기지 않았으니, 하물며 선비나 일반 백성을 경시하는 일은 결코 없었다. 이러한 까닭으로 제후는 영지내의 백성들로부터 환심을 사서 그것으로써 선군을 섬기게 되었느니라. 또한 집안을 다스리는 경대부도 신분이 낮은 하인이나 하녀들의 마음을 잃는 일이 결코 없었으며, 하물며 처나 자식의 마음을 잃는 일이 있었겠는가. 그로써 어버이에게 효도를 할 수 있었던 것이니라. 대저, 천자를 비롯하여 제후·경대부의 효도정치는 이상과 같았으니, 부모는 살아계시는 동안에 자식의 효심에 안심하고 여생을 즐겁게 보낼 수 있고, 돌아가신 후에는 제사지내는 예절에 부모님의 혼령이 와서 공물을 기꺼이 받게 되는 것이다. 그로 인해 천하가 화평하고 천재지변도 일어나지 않으며 전쟁이 일어나지 않게 되는 것이니라. 옛날 명철한 임금이 효도로써 세상을 다스린 것이 이렇듯 훌륭했다. 〈시경〉에 이르기를 '인군(人君)에게 바르고 높고 큰 덕행이 있으면 사방의 나라들이 그것을 본받고 따른다.'라고 했느니라."

즉, 이 장에서는 천자가 효도로써 천하를 다스리면 지배자로부터 평민에 이르기까지 모두 그것을 본받아, 천하가 화평해지고 재해가 생기지 않으며 화란도 일어나지 않는다는 것이다.

즉 효치정치(孝治政治)를 강조하고 있다.

㈜ ＊ **명왕지효**(明王之孝) : 명왕은 현명하고 도리에 밝은 왕을 말한 것이다. 이러한 성왕의 효가 곧 명왕지효인 것이다. ＊ **유**(遺) : 잊혀진. 존재가 없는. ＊ **소국**(小國) : 주대(周代)에는 자남(子男)의 제후의 나라. 사방 50리가 못되는 영지를 갖는 나라. ＊ **만국**(萬國) : 세계의 여러 나라. 여기에서는 국내를 가리킨다. 옛날 중국은 자치영역내에 많은 나라가 있었는데 그 나라들 모두를 가리키는 말이다. ＊ **환심**(歡心) : 기뻐하는 마음. 환심을 얻는다는 것은 자국 이외의 여러 나라한테서 미움을 받지 않는다는 것. 자기 주위에 있는 많은 나라는 어느 나라나 적으로 보지 않으면 안 된다. 그러므로 그 나라들을 노엽게 해서는 안 되므로 그 환심을 얻는 것이다. ＊ **환과**(鰥寡) : 홀아비와 과부. 의지할 곳이 없는 사람들. ＊ **신첩지심**(臣妾之心) : 신첩은 여자가 임금앞에서 자기를 칭하는 말이다. 그러나 여기에서는 신은 부하이고, 첩은 본처 외에 거느리는 여자를 뜻한 것이다. 부하와 첩 등 아랫사람의 마음이 신첩지심이다. ＊ **부연**(夫然) : 그러하거늘. ＊ **향**(享) : 넓이 찾아와서 만족스럽게 산 사람의 후의를 받는 것을 말한다. ＊ **화란**(禍亂) : 인간이 일으킨 재난. ＊ **각**(覺) : 깊이 생각한 끝에 사리를 깨달아 밝음의 뜻. ＊ **사국**(四國) : 주위의 사람들

聖治章
성 치 장

**가장 귀한 존재인 인간의 행위 중에서 효행보다 큰 것은 없다.
그 중에서 아버지를 하늘과 제사지냄이 가장 큰 효도다.**

曾子曰 敢問聖人之德^이 亡以加於
증 자 왈　　감 문 성 인 지 덕　　　망 이 가 어

孝乎^{이까} 子曰 天地之性^이 人爲貴^요
효 호　　자 왈　　천 지 지 성　　　인 위 귀

人之行^이 莫大於孝^{하고} 孝莫大於嚴父
인 지 행　　막 대 어 효　　　효 막 대 어 엄 부

^{하고}嚴父莫大於配天^{이라} 則周公其人也
　　엄 부 막 대 어 배 천　　　즉 주 공 기 인 야

^라昔者周公郊祀后稷^{하야} 以配天^{하고} 宗
　석 자 주 공 교 사 후 직　　　이 배 천　　　종

祀文王於明堂^{하야} 以配上帝^{니라} 是以四
사 문 왕 어 명 당 　 이 배 상 제 　 시 이 사

海之內各以其職來助祭^{하니} 夫聖人之
해 지 내 각 이 기 직 래 조 제 　 부 성 인 지

德^에 又何以加於孝乎^{리오} 是故^로 親生
덕 　 우 하 이 가 어 효 호 　 시 고 　 친 생

毓之^{하고} 以養父母曰嚴^{이라} 聖人因嚴以
육 지 　 이 양 부 모 왈 엄 　 성 인 인 엄 이

教敬^{하고} 因親以教愛^{하니} 聖人之教^이 不
교 경 　 인 친 이 교 애 　 성 인 지 교 　 불

肅而成^{이며} 其政不嚴而治^{하니} 其所因者
숙 이 성 　 기 정 불 엄 이 치 　 기 소 인 자

本也^{니라}
본 야

증자가 말했다.

"감히 여쭈옵니다. 성인의 덕에 효보다 더한 것은 없습니까?"

공자께서 말씀하셨다.

"하늘과 땅의 기운을 받아 생겨나는 것 중에서 인간이 가장 귀하며, 사람의 행실에 있어서는 효보다 큰 것이 없으며 효에 있어서는 아버지를 존경하는 것보다 큰 것이 없으며, 아버지를 존경하는 것 중에서 아버지를.하늘과 함께 제사 지내는 것보다 큰 것은 없다. 옛날 주공(周公) 단(旦)은 남쪽 들에 나가 태초 할아버지인 후직(后稷)을 하늘과 함께 제사지냈으며, 천자가 정치를 행하는 명당에서 아버지 문왕(文王)을 하늘과 함께 제사 지내셨다. 이와 같이 주공 단은 아버지와 할아버지에 대해 효행을 다했으므로 천하의 제후들은 각기 그 토지의 산물을 바치어 천자의 제사를 도왔다. 성인의 덕에 어찌 효보다 더한 것이 있으리오. 이러한 까닭에 부모가 자식을 낳아 기르면 자식이 성장함에 따라 부모에 대해 경애와 감사의 마음이 자연히 생겨나, 자식은 부모를 봉양하게 된다. 이것을 엄(嚴)이라 한다. 성인들은 이 존엄을 근거로 하여 공경을 가르치고, 친애를 근거로 하여 사랑을 가르치셨다. 이로써 성인의 가르침은 특별히 엄숙하지 않아도 질서있게 잘 다스려진다. 그것은 성인이 근본으로 하는 바가 효에 있기 때문이니라."

즉, 이 장에서는 성인의 덕중에서 최고의 덕은 효라는 것이다. 천지간의 모든 만물 중에 가장 뛰어난 것은 인류이며, 인류가 가지고 있는 최고의 덕은 모든 덕의 근본을 이루는 효를 뜻한다고 할 수 있다. 효의 실행방법은 많지만 그 중에서도 아버지를 공경하는 것이 가장 소중하다. 존엄한 분으로서 아버지를 존경해야 하며 하늘과 함께 제사지내는 것이 지극한 효로 칭송된다.

　이러한 성인의 효로써 사람들을 가르치는 절차는, 인간의 천부의 선성에 근원을 두기 때문에 강요하지 않아도 저절로 이루어 지게 된다는 것이다.

㊟ ✻ 감문(敢問) : 감히 묻건대. ✻ 가어효호(加於孝乎) : 효 외에 달리 덕행을 더할 필요는 없겠느냐는 뜻이다. ✻ 천지지성(天地之性) : 천지간에 있어서 생이 있는 모든 것을 말하는 것이 므로 만물이라고 해석해도 좋다. ✻ 엄(嚴) : 준엄하다는 뜻이 아니고 공경한다는 뜻. 경(敬)과 같다. ✻ 배천(配天) : 덕이 광대하여 하늘과 짝지을만하다는 뜻이다. 왕이 된 자가 하늘을 제사 지낼 때 그의 조상을 같이 제사 지내는데 이것은 하늘과 아버지를 동일시하여 하늘을 높이는 것같이 아버지를 높이기 때문이다. ✻ 주공(周公) : 중국 주나라의 정치가로 문왕의 아들이며 무왕의 아우이다. 이름은 단(旦). 무왕을 도와 은나라를 멸망시키고, 무왕이 죽자 조카인 성왕을 도와 주왕실의 기초를 튼튼히 하였다. 공자가 숭배한 사람. ✻ 교사(郊祀) : 천지에 대한 제사. 동지에는 남교(南郊)에서 하늘을 제사지내고 하지에는 북교(北郊)에서 땅을 제사 지냈다. 교는 본국과 멀리 떨어진 땅으로, 중국에서는 왕성 백 리 안을 향이라 칭하고 향의 밖 백리를 수라하며 그 보다 밖을 교라 칭한다. 사는 제사 지낸다. 종사는 높이 받들어 제사 지내는 것을 말한다. ✻ 명당(明堂) : 썩 좋은 묏자리. 여기서는 천자가 제후를 인견하는 궁전, 혹은 천자가 정사를 보는 궁전을 말하는 것이다. ✻ 상제(上帝) : 하늘, 하느님, 천제. ✻ 사해지내(四海之內) : 온 천하. ✻ 이기직(以其職) : 각자가 신분에 알맞은 공물이나 혹은 기술을 바치는 것. ✻ 조제(助祭) : 제사를 돕다. ✻ 생육(生毓) : 낳아 기르다. 육은 육(育)과 같은 글자. ✻ 엄(嚴) : 사람은 어리 고 약할때에는 친애할 줄 알지만 존경할 줄은 모르기 때문에 나날이 성장함에 따라 존엄성을 가르쳐 존경하는 마음을 알려 줘야 한다. 타일러 주의 시키는 것. ✻ 본(本) : 근본. 진리.

父母生績章
부모생적장

부모가 자식을 사랑하고 자식이 부모를 공경하는 도리는 천성이다.
이것은 그대로 군과 신 간의 의리와도 상통한다.

子曰　父子之道는　天性也요　君臣之
자왈　부자지도　천성야　군신지

誼也라　父母生之하니　績莫大焉이요　君親
의야　부모생지　적막대언　군친

97

臨之^{하니} 厚莫重焉^{이라}
임 지　　　후 막 중 언

공자께서 말씀하셨다.

"어버이가 자식을 사랑하고, 자식이 어버이를 공경하는 아버지와 아들의 도는 사람이 태어날 때부터 갖추고 있는 성질이다. 이것은 동시에, 임금과 신하의 의에도 그대로 통하는 것이다. 부모는 자식을 낳아 기르니 이보다 더 큰 공적은 없느니라. 부모는 군주의 존엄과 어버이로서의 친애함의 두가지 의미를 갖추고 자식을 대하는 것이다. 이에 생각이 미칠때, 은혜 두터움이 이보다 중대한 것은 없느니라."

즉, 이 장에서는 부자(父子)의 도는 사람이 태어날 때부터 하늘로 부터 받은 것으로, 그것은 그대로 임금과 신하의 의(義)에도 통한다는 것이다. 그러므로 여기서 천자는 백성의 부모이며, 천하는 한가족이라는 군신관계가 생겨난다는 것이다.

㊅ ＊부자지도(父子之道) : 어버이는 자식을 사랑하고 자식은 어버이를 경애하는 것. ＊천성(天性) : 타고난 성질. ＊적(績) : 실을 뽑는 것. 자손을 끊지 않고 대를 잇는 것을 말한다. 또 다른 설에는 아들을 낳아 자손을 잇는 것을 인류에 대한 공적이라고 풀이하는 수도 있으나, 역시 잇는다고 해석하는 편이 타당하다. ＊군친(君親) : 군주의 존엄과 어버이로서의 친애함.

孝優劣章
효 우 열 장

군자는 자기 부모를 사랑 할 뿐만아니라 다른 사람도 존경할 줄 안다.
또한 몸가짐이 올바르어 사람들의 본보기가 된다.

子曰 不愛其親而愛他人者^는 謂之
자 왈　불 애 기 친 이 애 타 인 자　　　위 지

悖德^{이요} 不敬其親而敬他人者^는 謂之
패 덕　　불 경 기 친 이 경 타 인 자　　　위 지

悖禮^라 以訓則昏^{이면} 民亡則焉^{이요} 不宅
패 례　　이 훈 칙 혼　　　민 망 칙 언　　　불 택

於善^{하고} 而皆在於凶德^{이라} 雖得志君子
어 선　　이 개 재 어 흉 덕　　　수 득 지 군 자

弗從也^라 君子則不然^{이니} 言思可道^{하고}
불 종 야　　군 자 칙 불 연　　언 사 가 도

行思可樂^{이라} 德誼可尊^{하고} 作事可法^{이며}
행 사 가 락　　덕 의 가 존　　작 사 가 법

容止可觀^{하고} 進退可度^라 以臨其民^{이면}
용 지 가 관　　진 퇴 가 도　　이 임 기 민

是以其民^이 畏而愛之^{하고} 則而象之^라
시 이 기 민　　외 이 애 지　　칙 이 상 지

故^로 能成其德教^{하야} 而行其政令^{이라} 詩
고　　능 성 기 덕 교　　이 행 기 정 령　　시

云 淑人君子^여 其儀不忒^{이라}^{니라}
운　　숙 인 군 자　　기 의 불 특

공자께서 말씀하셨다.

"자기의 부모를 사랑하지 않고 다른 사람을 사랑하는 것을 패덕(悖德)이라한다. 자기의 부모를 공경하지 않고 다른 사람을 공경하는 것을 패례(悖禮)라 한다. 예와 덕에 어긋난 것을 근거로 하여 가르침을 말하면 선악이 불분명해져, 백성들은 행위의 준칙을 잃어버리게 된다. 그렇게 되면 백성들은 자기 부모를 경애하는 선행을 할 수 없게 되고 모두 다른 사람만을 경애하는 악덕을 행하게 되느니라. 이와같이 도에 어긋나는 생활방법에 의해 소망이 이루어져 지위를 얻었다 하더라도 덕이 있는 군자는 결코 그렇게 하지 않느니라. 군자는 말을 할 때에는, 먼저 그 말을 해도 좋은지 어떤지를 생각한 후에 말을 하고 행동할 때에는 그 행동을 함으로써 과연 마음이 즐거울지 어떤지를 먼저 생각한 후에 행동한다. 그러므로 군자의 덕과 의는 사람들의 존경을 받기에 충분하고 군자의 행위는 사람들의 모범이 되기에 충분하며, 군자의 몸가짐은 사람들이 주목하기에 충분하며 군자의 행동거지는 사람들의 행동의 척도가 되기에 충분하다. 군자는 이와 같이 하여 사람들을 대한다. 그리하여 사람들은 공경하고 삼가면서 군자를 사랑하게 되고 군자의 덕을 본보기로 삼아 본받게 되는 것이다. 그러므로 군자는 도덕에 의한 교화를 이루게 되며 그의 정치적 명령을 훌륭하게 행할 수 있는 것이다. 〈시경〉에 이르기를 '선인군자는 그 몸가짐이 법도에 어긋나는 일이 없어 사람들의 본보기가 된다.'라 했느니라."

즉, 이 장에서는 자기의 부모를 사랑하고 그 다음에 다른 사람의 부모를 사랑하며, 먼저 자기의 부모를 공경하고 그 다음에 다른 사람의 부모를 공경하고, 먼저 가까운 사람을 사랑하고 공경하며 그 다음에 차츰 그 범위를 넓혀 가야 함을 밝히고 있다.

紀孝行章

기 효 행 장

효자는 부모를 섬김에 모든 노력을 다해야 한다.
부모를 잘 섬기는 사람은 교만과, 반항과 다툼을 모른다.

子曰 孝子之事親也에 居則致其敬
자 왈   효 자 지 사 친 야   거 즉 치 기 경

하고 養則致其樂하고 疾則致其憂하고 喪則
      양 즉 치 기 락   질 즉 치 기 우   상 즉

致其哀하고 祭則致其嚴이라 五者備矣이면
치 기 애   제 즉 치 기 엄   오 자 비 의

然後能事其親이라 事親者居上不驕하고
연 후 능 사 기 친   사 친 자 거 상 불 교

100

爲下而不亂^{하며} 在醜不爭^{이라} 居上而驕
위 하 이 불 란　　　재 추 부 쟁　　　거 상 이 교

則亡^{하고} 爲下而亂則刑^{하고} 在醜而爭則
즉 망　　　위 하 이 란 즉 형　　　재 추 이 쟁 즉

兵^{이라} 此三者不除^면 雖日用三牲之養
병　　　차 삼 자 부 제　　　수 일 용 삼 생 지 양

^{이라}
^도 綵爲弗孝也^라
유 위 불 효

공자께서 말씀하셨다.

"효자는 부모를 어떻게 섬겨야 하겠는가. 평상시 집에 있을 때에는 마음을 다하여 부모를 공경하고, 부모를 봉양할 때에는 마음을 다하여 즐겁게 해 드리고, 부모가 병이 나셨을 때에는 그 근심을 다하도록 하고, 또 어버이가 돌아가셔서 상중일 때에는 마음을 다하여 슬퍼하고, 제사지낼 때에는 그 엄숙한 마음을 다해야 하느니라. 이 다섯 가지를 잘 행했다면 자식으로서 부모를 잘 섬겼다 할 수 있느니라. 부모를 잘 섬기는 자는 윗자리에 있어도 교만하지 아니하고, 아랫자리에 있어도 반항하지 않으며, 군중 속에 있어도 다투지 아니하는 법이니라. 사람들 위에서 교만하면 지위를 잃게되고, 다른 사람의 밑에 있어 반항하면 형벌을 받게 되며, 군중 속에 있으면서 다투면 상처를 입을 것이니라. 이 세가지 행위를 없애지 아니하면 비록 날마다 소·양·돼지의 고기로써 봉양한다 해도 오히려 불효가 될 것이니라."

즉, 이 장에서는 부모를 섬기는데 매일 맛있는 음식으로 봉양을 잘 해드린다 할지라도 정신적으로 편안하게 해드리지 못하면 참된 효도라 할 수 없다는 것이다.

㊟ ＊ 거(居) : 평소 부모의 슬하에 있을 때. ＊ 양(養) : 부모를 봉양 하는 것. ＊ 질(疾) : 병. ＊ 우(憂) : 걱정하는 것. ＊ 상(喪) : 죽는 것. ＊ 애(哀) : 슬퍼하는 것. ＊ 제(祭) : 장례 또는 사후의 제사를 말한다. ＊ 엄(嚴) : 훌륭하게 거행하다. 엄수하다. ＊ 추(醜) : 무리 많은 사람을 가리킨다. ＊ 불교(不驕) : 교만하지 않다. ＊ 불란(不亂) : 질서를 지키다. ＊ 망(亡) : 멸망.＊ 형(刑) : 형벌을 가하는 것. ＊ 삼생지양(三牲之養) : 삼생은 세가지의 희생으로 소·양·돼지를 말하는 것이며 이 세가지의 먹음직스러운 음식과 풍성한 반찬을 삼생지양이라 한다. ＊ 유(綵) : 오히려.

五刑章
오 형 장

모든 죄 중에서 가장 큰 죄는 불효이다. 인군에게 불복하고
성인을 비난하며 어버이를 업신여기는 것은 큰 혼란을 낳는다.

子曰　五刑之屬三千 이로되 而辠莫大於
자 왈　오 형 지 속 삼 천 이 죄 막 대 어

不孝 라　要君者亡上 하고 非聖人者 는 亡
불 효　요 군 자 망 상 비 성 인 자 망

法 하고 非孝者 는 亡親 하니 此大亂之道也
법 비 효 자 망 친 차 대 난 지 도 야
라

공자께서 말씀하셨다.

"예로부터 형벌에는 다섯 가지가 있지만, 그 다섯 가지 형벌을 나누면 3천 가지 조목으로 나뉜다. 그 중에서 불효의 죄보다 큰 것은 없느니라. 임금을 강요하여 자신의 뜻에 따르게 하는 것은 임금을 임금으로 생각하지 않는 것이며 성인을 비난하는 자는 법을 업신여기는 것이며, 효를 부정하는 자는 어버이를 업신여기는 것이니라. 이 세 가지는 큰 혼란을 초래하는 원인이 되느니라."

즉, 이 장에서는 모든 덕의 근본은 효에 있으며 반면에 모든 죄악의 근본은 불효에서 발생한다는 것이다. 즉, 최대의 악은 불효라는 점이다. 이것은 오늘날 각국에서 존속에 대한 범죄를 매우 무겁게 처벌하고 있는 것과 상통하는 내용이다.

㊅ ✳ 오형(五刑) : 다섯가지 형벌. 시대에 따라 일정하지 않다. 우순(虞舜)때의 5형은 묵·의·비·궁·대벽 등인데, 묵은 피부에 먹실을 넣는 형이며, 의는 코를 깎는 형, 비는 발의 근육을 끊는 형, 궁은 남자를 거세하고 여자는 유폐하는 형, 대벽은 목을 베어 죽이는 형이다. 주나라 때는 야형(농사를 해친 죄)·군형(군대에서의 명령 불복종 죄)·향형(불효, 기타의 비위 죄)·관형(관리로서의 책임 불이행 죄)·국형(신민으로서의 불충 죄) 등이었다. ✳ 속(屬) : 세부적인 항목 ✳ 고(辜) : 고란 위에 있어 교만하고 아래에 있어 문란하고 군중 가운데 있어 다투는 것. ✳ 요(要) : 무리하게 요구하는 것. ✳ 망(亡) : 업신여기다. ✳ 비(非) : 비난하다. 나무라다.

廣要道章
광 요 도 장

효도로써 천하를 가르침에 있어 가장 중요한 것은 지도자가
몸소 효와 형제간의 우애와, 군신의 도를 실천하는 것이다.

子曰　　教民親愛는　莫善于孝요　敎民
자왈　　교민친애　　막선우효　　교민

禮順은　莫善于弟요　移風易俗은　莫善
예순　　막선우제　　이풍역속　　막선

於樂이요　安上治民은　莫善於禮이니　禮者
어악　　　안상치민　　막선어예　　　예자

敬而已矣라　故로　敬其父則子說하고　敬
경이이의　　고　　경기부칙자열　　　경

其兄則弟說하며　敬其君이면　則臣說하니　敬
기형칙제열　　　경기군　　　칙신열　　　경

一人而千萬人說이라　所敬者寡而說者
일인이천만인열　　　소경자과이열자

衆하니　之此謂要道也라
중　　　지차위요도야

공자께서 말씀하셨다.

"백성에게 친애하는 마음으로 남을 사랑하는 것을 가르침에 있어서 효보다 좋은 것이 없고, 백성에게 예를 몸에 익혀 예를 따르도록 가르치는 데에는, 임금이 솔선하여 제도를 실천해 모범을 보이는 것보다 좋은 것이 없으며, 사회풍속을 좋은 방향으로 바꾸는 데에는 백성에게 음악을 장려하는 것보다 좋은 것이 없고, 임금을 편안하게 하고 백성을 잘 다스리는 데에는, 백성에게 예의를 가르치는 것보다 좋은 것이 없다. 예란 공경하는 것일 따름이니라. 본시 위에 있는 사람이 그 부모를 공경하면 아들은 저절로 기꺼이 따르게 되며, 그 형을 공경하면 동생은 저절로 기꺼이 따르게 되고, 그 임금을 공경하면, 그 신하는 저절로 기꺼이 따르게 되느니라. 이로써 위에 있는 사람이 한 사람을 공경함으로써 천만사람들이 감화하여 기꺼이 따르게 되는 것이다. 적은 사람을 공경함으로써 많은 사람들이 기꺼이 따른다. 이것을 중요한 도라 하는 것이니라."

즉, 이 장에서는 세상을 잘 다스리는 비결은 효에 있다는 것이다. 지도자가 직접 부모에 효도하

고 형을 공경하며 임금을 따르면, 모든 사람들에게 본보기를 보임과 동시에 예로써 백성에게 공경과 화목을 가르치게 되어 종적인 인간관계와 횡적인 인간관계를 조화시키고 확립시키게 된다는 것이다.

㈜ ＊ 교(教) : 교화시키는 것. ＊ 친애(親愛) : 친애하는 마음으로 남을 사랑하여 다투지 않음을 말한다. ＊ 예순(禮順) : 사람을 공경하되, 예의 바르고 온화한 마음으로 선한 쪽을 따르는 것. ＊ 제(弟) : 온순함. 형을 공경하여 잘 섬김. 여기서는 연장자를 잘 섬기고 공경하는 마음을 말한다. 형을 섬기는 마음으로 남을 대하면 반드시 예순에 적합하다. ＊ 이풍역속(移風易俗) : 풍속 습관을 개량하는 것을 말한다. ＊ 안상(安上) : 임금을 편안하게 하는 것. ＊ 열(說) : 열(悅)과 통한다. ＊ 일인(一人) : 여기서는 아버지를 가리키는 말이다. ＊ 과(寡) : 적다는 뜻. ＊ 중(衆) : 많은 사람들.

廣至德章
광 지 덕 장

군자의 덕에는 효와 제와 신이 있다. 부모를 공경하고 형을 공경하며, 군을 공경한다는 것이다. 이로써 군자는 우러름을 받는다.

子曰　君子之教以孝也는　非家至而
자 왈　군 자 지 교 이 효 야　비 가 지 이

日見之也라　教以孝는　所以敬天下之
일 견 지 야　교 이 효　소 이 경 천 하 지

爲人父者也하고　教以弟는　所以敬天下
위 인 부 자 야　교 이 제　소 이 경 천 하

之爲人兄者也하고　教以臣은　所以敬天
지 위 인 형 자 야　교 이 신　소 이 경 천

下之爲人君者也라　詩云　愷悌君子
하 지 위 인 군 자 야　시 운　개 제 군 자

는　民之父母라　非至德其孰能訓民이
　민 지 부 모　비 지 덕 기 숙 능 훈 민

如此其大者乎 하시니라
여 차 기 대 자 호

공자께서 말씀하셨다.

"옛날 군자가 백성에게 효도를 가르치신 것은 집집마다 백성을 찾아다니며 매일매일 만나서 가르치신 것이 아니다. 백성에게 효도를 가르치신 것은 널리 천하 사람들로 하여금 아버지 된 사람을 공경하게 하기 위함이며 백성에게 우애로써 가르치신 것은 널리 천하 사람들로 하여금, 형되는 사람을 공경하게 하기 위함이며, 백성에게 신하의 도를 가르치신 것은 널리 천하사람들로 하여금 임금되는 사람을 공경하게 하기 위함이다. 그러므로 〈시경〉에 이르기를 '백성을 즐겁고 평안하게 하는 군자는 덕이 넘쳐, 백성의 부모로서 우러름을 받는다. 지극한 덕을 갖춘 사람이 아니면 그 누가 백성을 가르쳐 인도함이 이와 같이 크겠는가.'라 했느니라."

즉, 이 장에서는 군자가 사람들에게 효를 가르친다고 하는 의미는 군자가 어버이에게 효도하고 임금에게 충성하며 형을 공경하는 것 만으로도 모든 천하에 퍼지게 되어 사람들이 본받게 된다는 것이다.

[주] ✱ **군자지교**(君子之教) : 군자는 심성이 어질고 덕행이 높은 사람을 가리키는 것으로, 군자지교는 군자가 되게하는 가르침을 말하는 것이다. ✱**일**(日) : 나날이. ✱**제**(悌) : 형 또는 존장을 공손히 잘 섬김. ✱ **인군**(人君) : 임금. ✱ **개제**(愷悌) : 얼굴과 기상이 활달하고 단아함을 말한다. ✱**숙**(孰) : 누구. 어느 사람.

應感章
응 감 장

아버지와 형을 섬김에 있어 효제의 도를 다하면 하늘로부터
응감의 복을 받아 재앙이 생기지 않는다.

子曰 昔者에 明王事父孝하니 故事天
자 왈 석 자 　　 명 왕 사 부 효 　　 고 사 천

明이라 事母孝하니 故事地察이라 長幼順하니
명 　 사 모 효 　　 고 사 지 찰 　　 장 유 순

故上下治라 天地明察하면 鬼神章矣로다
고 상 하 치 　　 천 지 명 찰 　　 귀 신 장 의

105

故雖天子必有尊也(고수천자필유존야)니 言有父也(언유부야)요 必有先也(필유선야)니 言有兄也(언유형야)라 宗廟致敬(종묘치경)은 不忘親也(불망친야)요 修身愼行(수신신행)은 恐辱先也(공욕선야)라 宗廟致敬(종묘치경)하면 鬼神著矣(귀신저의)라 孝悌之至(효제지지)는 通於神明(통어신명)하고 光於四海(광어사해)하야 亡所不曁(망소불기)라 詩云(시운)하되 自東自西(자동자서)하며 自南自北(자남자북)에 亡思不服(망사불복)이라니라

공자께서 말씀하셨다.

"옛날 덕이 많은 훌륭한 임금은 아버지를 섬김에 효를 다했기 때문에 하늘을 섬김에도 공경을 다하여 제사를 지냈고, 어머니를 섬김에 있어서도 효를 다했기 때문에 땅을 섬김에 있어서도 공경을 다하여 제사지냈느니라. 안에서는 어른과 아이들의 차례가 잘 지켜졌고, 그래서 밖에서도 위 아래 사이가 잘 다스려 졌느니라. 하늘의 신과 땅의 신을 섬김에 하늘의 명과 땅의 찰을 잘 분별하여 공경을 극진히 했으므로 선조의 신령이 그에 감격하여 나타나 보호해준 덕분에 재앙이 생기지 않았다. 그러므로 천자와 같이 신분이 높은 분이라도 반드시 존경하여 공경하는 사람이 있으니 그것은 아버지이며, 반드시 앞세워 공경하는 사람이 있으니 그것은 형이다. 선조의 영혼을 제사지내는 종묘에 다하는 것은 어버이를 한시도 잊는 일이 없기 때문이며, 스스로 몸을 닦고 행위를 삼가는 것은 선조의 이름을 더럽히지나 않을까 항상 두려워하기 때문이다. 종묘에 공경을 다하면 선조의 신령이 그에 감동해서 재앙이 생기지 않느니라. 그러므로 효와 우애의 지극함이 신들에게 통하고 온 천하 구석구석까지 그 지극함의 빛이 충만하여 미치지 않은 곳이 없이 되느니라. 〈시경〉에 이르기를 '동으로부터, 서로부터, 남으로부터, 북으로부터, 덕이 있는 임금을 흠모하여 복종하지 않는 자가 없다.'라고 했느니라."

즉, 이 장에서는 아버지는 하늘의 도가 있고 어머니는 땅의 도가 있어 부모를 섬기는 것은 하늘

과 땅을 섬기는 도리와 일맥상통한다. 뿐만아니라 동생이 형을 공경하는 것 또한 천지의 섭리에 부합되는 것이다. 이러한도, 즉 효와 제로써 세상에 임할 때 그 지성은 천지를 움직이게 될 것이다. 그리하여 태양과 달이 빛나듯 세상을 비추어 하찮은 것일지라도 자신들의 못된 점을 고치게 된다는 것이다.

㈜ ＊석자(昔者) : 어제 또는 4,5일전. 여기서는 옛날을 말한다. ＊명왕(明王) : 명철한 임금. 중국 고대의 명군으로 요·순·우·탕 등을 가리킨다. ＊사천(事天) : 하늘은 부모의 근본이고 만물의 근원이므로 부모를 섬기듯 하늘을 섬기는 것이다. ＊명(明) : 사악한 생각이 없는 것. ＊사지(事地) : 옛날에는 하늘과 땅을 부모에 비교하여 하늘을 아버지, 땅을 어머니로 삼았다. 땅은 만물을 생육하는 근원이므로 어머니를 섬기는 마음으로써 땅을 섬겼다. ＊찰(察) : 숨은 빛을 나타내는 것. 명과 통하는데, 사악한 생각없이 그 덕을 높이는 것. ＊장유(長幼) : 어른과 어린이. ＊순(順) : 아랫사람이 웃사람을 공경하는 것. ＊상하(上下) : 지배계급과 피지배계급. ＊치(治) : 어지럽지 않고 다투지 않아 원만하게 생활해 가는 것. ＊귀신(鬼神) : 귀는 음(陰)이며, 신은 양(陽)으로 음양의 혼을 말하는 것이다. ＊장(章) : 나타나다. 명백하다. 천지간의 음양의 배치가 순조롭게 돌아가서 재해나 이변이 없고, 오곡은 풍요하고 계절이 순조로운 것. ＊선(先) : 자기보다 먼저인 사람. 한 발짝 앞선 사람. ＊수신신행(修身愼行) : 수신은 자기의 몸을 닦아 마음의 수양을 바르게 하는 것. 신행은 행동을 삼가는 것. 나쁜 짓을 하지않고 신의를 지켜 덕의 길에 따라 행동하는 것. ＊공욕선야(恐辱先也) : 조상의 이름을 욕되게 하는 따위의 일은 단연코 해서는 안 된다는 뜻. ＊치경(致敬) : 공경을 다하다. ＊저(著) : 감응 접촉하다. ＊효제(孝悌) : 부모와 형을 잘 섬김. ＊신명(神明) : 하늘의 신령과 땅의 신령. ＊불기(不曁) : 다다르지 못하다. 기는 마침 기(曁). ＊자동(自東) : 동에서. ＊망사불복(亡思不服) : 그 행실의 모범에 대하여 자기를 반성하고, 숭배하고 공경하는 생각을 일으켜 그 행실을 본받지 않는 사람이 없다.

廣揚名章
광 양 명 장

경대부와 사 된 자의 효와 형제간의 도리를 이야기 하고 있다.
효와 충과, 제와 순은 서로 일맥 상통한다.

子曰 君子事親孝라 故忠可移於君
자 왈　군 자 사 친 효　고 충 가 이 어 군

이요 事兄弟라 故順可移於長이라 居家理
　　사 형 제　　고 순 가 이 어 장　　거 가 리

이니 故治可移於官이라 是以行成於內하고
　　고 치 가 이 어 관　　시 이 행 성 어 내

而名立於後世矣라
이 명 립 어 후 세 의

공자께서 말씀하셨다.

"군자는 어버이를 섬김에 효도를 다한다. 그러므로 부모를 섬기는 효행을 그대로 옮겨, 임금을 섬기면 그것이 곧 임금에 대한 충성이 된다. 또한 덕이 있는 군자는 형을 섬김에 우애로써 섬기기 때문에 이를 웃사람에게 옮기어 공순함을 다하여 섬기면 그것이 웃사람에 대한 도리가 된다. 또한 집안을 잘 다스리기 때문에 그 다스림을 국가로 옮기면, 국가는 스스로 잘 다스려 진다. 이 세 가지의 공통되는 도리가 집안에서 잘 이루어지면 그 이름이 후세에까지 전해져 널리 구석구석까지 사람의 마음을 감화시키게 되느니라."

즉, 이 장에서는 군자가 그 어버이를 섬기는 데 있어 효성을 다하듯이 그 마음을 임금에게 옮기면 곧 충성이 되고, 형을 섬기는 아우의 마음 그대로 밖에 나가 다른 연장자를 섬기면 공순하게 된다는 점을 말하고 있다. 집안에서 이런 정신으로 집안 사람을 대하면 집안은 잘 다스려지게 마련이고, 그런 사람이 나라를 다스리면 천하는 평정하게 되어 갈 것이다.

㈜ ＊이(移) : 옮기다. 여기서는 위치를 바꾸다. ＊장(長) : 존경스런 어른. ＊이(理) : 다스리다의 뜻. 집안을 잘 다스리다. ＊내(內) : 가정을 말한다. ＊명(名) : 이름. 여기서는 세상사람들에게 숭경받음을 말한다. ＊입(立) : 서다. 여기서는 나타내다. 밝히다의 뜻.

閨門章
규 문 장

**가정에서는 자연스럽고 친밀하게 행동하지만, 그러한 가운데서도
질서가 정연한 것은 그 나름대로의 예가 존재하고 있기 때문이다.**

子曰 閨門之內에 具禮矣乎아 嚴親
자 왈　규 문 지 내　구 례 의 호　엄 친

嚴兄하니 妻子臣妾은 繇百姓徒役也라
엄 형 처 자 신 첩 유 백 성 도 역 야

공자께서 말씀하셨다.

"집 안에서도 예의가 갖춰져야 하느니라. 부모를 존중할 수 있어야 임금을 존중할 수 있고, 형을 존중할 수 있어야 어른을 존중할 수 있으며, 처와 자식에 임할 수 있어야, 백성에게 임할 수 있고, 하인과 하녀를 다룰 수 있어야 공적인 일에 일하고 있는 인부를 적절히 다룰 수 있게 되느니라."

즉, 이 장에서는 한 나라를 다스리는 근본은 가정안에 있으며, 가정의 예법이 갖추어져 있지 않고 어지러워서는 나라를 다스리는 일은 생각조차 할 수 없음을 말하고 있다.

㈜ ＊ 규문(閨門) : 침실 안. 여기서는 집 안. ＊ 구례(具禮) : 예의가 정연하게 서는 것. ＊ 엄부 (嚴父) : 엄격한 아버지. 여기서는 단순히 아버지라는 뜻이다. ＊ 엄형(嚴兄) : 형의 존칭. ＊ 유(繇) : 유(由)와 같은 글자로 같다는 뜻. ＊ 도역(徒役) : 부역, 또는 부역에 징발된 사람. 의무 적으로 공적인 일에 사역되는 사람.

諫諍章
간 쟁 장

아버지가 도리에 어긋난 일을 할 때 자식된 자가 부드러운 말로
그 무도를 간하면 한 가족을 잃는 일이 없을 것이다.

曾子曰 若夫慈愛龔敬하여 安親揚名
증 자 왈 약 부 자 애 공 경 안 친 양 명

은 參이 聞命矣이라 敢問하오 子從父之命이
삼 문 명 의 감 문 자 종 부 지 명

可謂孝乎니까 子曰 參是何言與아 是
가 위 효 호 자 왈 삼 시 하 언 여 시

何言與아 言之不通耶아 昔者에 天子
하 언 여 언 지 불 통 야 석 자 천 자

109

有爭臣七人^{이면} 雖亡道弗失天下^요 諸
유 쟁 신 칠 인 수 망 도 불 실 천 하 제

侯有爭臣五人^{이면} 雖亡道^{이나} 弗失其國
후 유 쟁 신 오 인 수 망 도 불 실 기 국

^{이요} 大夫有爭臣三人^{이면} 雖亡道^{이나} 弗失
대 부 유 쟁 신 삼 인 수 망 도 불 실

其家^{이요} 士有爭友^{이면} 則身弗離於令命
기 가 사 유 쟁 우 즉 신 불 리 어 영 명

^{이요} 父有爭子^{이면} 則身弗陷於不誼^라 故
부 유 쟁 자 즉 신 불 함 어 불 의 고

로 當不誼^{이면} 則子不可以不爭于父^요
당 불 의 즉 자 불 가 이 부 쟁 우 부

臣不可以不爭於君^{이라} 故^로 當不誼^{하면}
신 불 가 이 부 쟁 어 군 고 당 불 의

則爭之^라 從父之命^이 又安得爲孝乎^{리요}
즉 쟁 지 종 부 지 명 우 안 득 위 효 호

증자가 말했다.

"자애와 공경으로 어버이를 편안하게 해 드리고 후세에 이름을 전해지도록 하는 일에 대해서는 삼이 이미 가르침을 받았습니다. 감히 여쭈옵건대 자식으로서 아버지의 명령을 좇기만 하면 효라 할 수 있겠습니까?"

공자께서 말씀하셨다.

"삼아 무슨 말을 하는 게냐. 무슨 어리석은 말이냐. 옛날 천자는 임금의 잘못을 다투어 아뢰는 신하 일곱을 두면 비록 천자가 무도하다 하더라도 그 천하를 잃지 않았고, 제후는 다투어 간하는 신하 다섯만 두면 비록 자신이 무도하다 하더라도 그 나라를 잃지 않았으며, 대부는 다투어 간하는 신하 셋만 두면 비록 자신이 무도하다 하더라도 그 집안을 잃지 않았느니라. 그리고 일반 선비에게 그 비행을 다투어 간하는 벗이 있으면 그 몸에서 아름다운 빛이 떠나지 않을 것이며, 아버지에게 과실을 다투어 간하는 자식이 있다면 불의에 빠지는 일이 없는 것이니라. 그러므로 아버지가 의롭지 않는 일에 당면하면 자식으로서 간하지 않으면 안되고, 신하는 어떤일이 있어도 임금에게 간하지 않으면 안 된다. 그러므로 의롭지 않은 일에 당면하면 다투어 간하여야 하는 것이니, 아버지의 명령만 좇는다 하여 어찌 효가 이루어 지겠는가?"

즉, 이 장에서는 아버지에게 불의·무도한 일이 있을 때 자식이 정성을 다하여 온건하게 간하면 아버지도 자각하여 불의의 궁지에 떨어지는 일은 없을 것이며, 이것이 효자가 아버지를 대하는 효라고 말하고 있다.

사람이라면 누구나 과오를 범하게 마련이다. 부모도 사람인 만큼 과실을 하지 않는다고 말할 수 없다. 그러나 이러한 과실을 아랫사람이나 자식들이 보았을 경우, 비록 간하되 아버지를 난처하게 만들어서는 안 된다. 아버지의 마음이 상하지 않도록 부드러운 말로 은근히 이해시켜야 한다.

㊟ ✳ 간쟁(諫諍) : 간하여 다툼. 간은 직접 말하여 다른 사람으로 하여금 깨닫게 하는 것. ✳ 약(若) : 같다는 뜻. 이와 같은. ✳ 공경(襲敬) : 삼가고 공경함. ✳ 양명(揚名) : 이름을 높이는 것. ✳ 석자(昔者) : 옛날. 자는 조사로 쓰임. ✳ 쟁신(爭臣) : 임금의 잘못에 대하여 바른 말로 꿋꿋하게 간하는 신하. ✳ 망도(亡道) : 도에 어긋난 행위를 하는 것. ✳ 쟁우(爭友) : 친구의 잘못을 충고하는 벗. ✳ 영명(令名) : 상대방 이름의 경칭. 좋은 명예. ✳ 쟁자(爭子) : 부모의 잘못을 간하는 아들. ✳ 불의(不誼) : 불의(不義)와 같은 뜻. 바르지 않고 좋지 못한 일.

事君章
사 군 장

군자는 인군을 섬김에 충성을 다하여, 잘못 된 점을 보충하고
좋은 점은 도와 따르며 인군에게 좋지 않은 점이 있으면 바르게 한다.

子曰 君子之事上也에 進思盡忠하고
자왈 군자지사상야 진사진충

退思補過하고 將順其美 匡救其惡하니 故
퇴사보과 장순기미 광구기악 고

로 上下能相親也라 詩云 心乎愛矣
상하능상친야 시운 심호애의

하면 遐不謂矣며 忠心藏之하니 何日忘之
하 불위의 충심장지 하일망지

리오하
니라

111

공자께서 말씀하셨다.

"군자가 임금을 섬김에 있어서는 앞에 나가서는 임금을 위해 충성을 다할 것을 생각하고, 물러나와서는 임금의 잘못을 보충할 것을 생각한다. 임금에게 좋은 점이 있으면 그것을 도와 따르고 임금에게 좋지 않은 점이 있으면 그것을 막아 바르게 한다. 그렇게 함으로써 임금과 신하 사이에 친밀한 정이 솟아 나는 것이니라. 〈시경〉에 이르기를 '마음으로부터 임금을 사랑한다면, 임금의 이해득실을 어찌 고하지 않을 수 있겠는가. 마음 속에 임금을 사랑하는 마음을 감추고 있다면 잠시라도 임금을 잊을 수 있겠는가.'라고 했느니라."

즉, 이 장에서는 군자는 집안에서는 부모를 섬김에 효를 다하고, 나아가서는 임금을 섬김에 충을 다하여 효도와 충도를 완수해야만 비로소 자식으로서의 의무와 신하로서의 의무를 다하는 것이며, 부모의 이름을 세상에 빛낼 수 있다는 것을 강조하고 있다.

㈜ ＊ 상(上) : 임금. ＊ 진(進) : 신하가 나아가 임금을 뵙는 것. ＊ 진충(盡忠) : 충성을 다한다. ＊ 퇴(退) : 임금 앞에 있지 않은 것. ＊ 보(補) : 부족을 채운다는 뜻이므로, 여기서는 과실을 고치고 모자라는 곳을 보충하는 것을 말한다. ＊ 과(過) : 한도를 벗어나다. ＊ 장순(狀順) : 장은 실행한다는 뜻. 순은 따른다는 뜻이므로 임금의 아름다운 행동에 대해서는 임금으로 하여금 더욱 그 좋은 점을 행하게 하고 자신도 그 행동에 따라가는 것을 말한다. ＊ 미(美) : 좋은 점. ＊ 광구(匡救) : 광은 바로잡는다는 뜻. 악한 일을 못하게 하여 구원하는 것을 말한다. ＊ 장(藏) : 속에 넣어 두다. ＊ 하일(何日) : 어느 날인들.

喪親章
상   친   장

부모가 돌아가심에 효자는 마음으로 슬퍼하고 3년간의 복상 기간이 끝나면
종묘를 세워 제사지내고 항상 부모의 은혜를 잊지 않는다.

子曰 孝子之喪親也에 哭弗依하고 禮
자왈 효 자 지 상 친 야   곡 불 의   예

亡容하고 言不文하고 服美弗安하고 聞樂不
망 용   언 불 문   복 미 불 안   문 악 불

樂하며 食旨不甘하니 此哀慼之情也라 三
락   식 지 불 감   차 애 척 지 정 야   삼

112

日而食은 教民亡以死傷生也라 毀不滅性은 此聖人之正也라 喪不過三年은 示民有終也라 爲之棺槨衣衾以擧之하고 陳其簠簋하여 而哀慼之하며 哭泣擗踊하야 哀以送之하고 卜其宅兆하여 而安措之하고 爲之宗廟하야 以鬼享之하고 春秋祭祀하여 以時思之라 生事愛敬하고 死事哀慼하면 生民之本盡矣요 死生之誼備矣라 孝子之事終矣

공자께서 말씀하셨다.

"효자가 부모의 상을 당해 곡할 때에는 큰 소리를 내며 곡을 하지만, 그 곡 소리는 가늘고 길게 꼬리를 끄는 일이 결코 없다. 예를 행할 때에도 자신의 용모를 매만지는 일이 없으며 말을 할 때에도 결코 말을 꾸미는 일이 없으며 아름답고 훌륭한 옷을 입어도 마음이 편하지 않으며 아름다운 음악을 들어도 즐겁지 않으며, 맛있는 음식을 먹어도 그 맛을 알지 못한다. 이것은 모두 부모의 돌아가심을 애통해 하는 효자의 지극한 정으로부터 나오는 것이다. 부모가 돌아가신 3일째에 음식을 먹는 것은 죽은 사람으로 인해 살아 있는 사람이 몸을 손상시켜서는 안 된다는 것을 백성에게 가르치신 것이다. 부모의 죽음을 슬퍼한 나머지 몸은 수척해져도 생명까지 잃지 않는 것이 성인이 정하신 상에 관한 올바른 제도이다. 상복을 입는 기간이 3년을 넘지 않는 것은, 일에는 일정한 한계가 있다는 것을 백성에게 가르치신 것이다. 부모님이 돌아가시면, 내관과 외관을 만들고, 시신에게 입힐 옷과 시신을 쌀 금침을 만들어 부모의 시신을 관에 넣고 영전에 음식을 넣은 제사 그릇을 늘어놓고 부모님과의 이별을 서러워하며 슬퍼한다. 슬픈 나머지 큰 소리를 내며 곡을 하고 눈물을 흘리며, 여자는 가슴을 치고 남자는 발을 동동 구르며 애통해하며, 관을 실은 상여를 묘지로 떠나보낸다. 이미 관을 매장할 묘혈과 묘역을 점을 쳐서 정해 두었으므로 그곳에 관을 안치한다. 3년 동안의 복상기간이 끝나면, 조상의 위패를 제사지내고 안치해 두는 종묘를 세워 귀신에 대한 예로써 이를 종묘에 제사지내고, 이를 정중히 받든다. 그 후 봄·여름·가을·겨울의 제사 때에는 그 계절의 음식을 올려 항상 부모를 생각하고 부모의 은혜를 잊지 않는다. 이와같이, 부모가 생존해 계시는 동안에는 사랑과 공경으로써 섬기고, 부모가 돌아가신 후에는 항상 슬퍼하며 부모님을 잊지 않는다. 이렇게 해야만 인간의 근본인 효자의 도를 완전히 행한 것이다. 그래야만 부모가 살아계시는 동안에는 살아계신 부모를 섬기고, 부모가 돌아가신 후에는 돌아가신 부모를 섬기는, 부모에 대한 자식으로서의 도리가 완전히 갖추어지는 것이다. 이렇게 함으로써 비로소 효자가 부모에 대해 해야 할 바가 완전히 끝나는 것이니라."

이 장에서는, 효자가 부모를 섬기는 마지막 도리로서 돌아가신 부모를 섬기는 도에 대해 설명하고 있으며, 부모가 살아 계실 때에 섬기는 도와 돌아가신 후에 섬기는 도, 이 둘의 도를 완수해야만 비로소 효자로서의 해야 할 의무가 완전히 끝나는 것임을 강조하고 있다.

㊟ ＊ 상(喪) : 죽음으로 이별함. 여기서는 어버이가 죽은 상중의 행사를 가리키고 있다. ＊ 곡(哭) : 슬퍼 큰 소리를 내어 우는 것. ＊ 불의(弗衣) : 의는 길게 울음소리를 내는 것. 불의는 깊이 슬퍼하여 오열하되 울음소리가 길게 끌지 못하는 것을 말한 것이다. ＊ 망용(亡容) : 용은 일부러 위의를 바르게 하는 것이므로 망용은 자태나 용모를 돌보지 않는 것이다. ＊ 언불문(言弗文) : 말수가 대단히 적은 것. ＊ 복미(服美) : 고운 의복을 입는 것을 말한다. ＊ 불락(不樂) : 즐기지 않는다. ＊ 식지불감(食旨弗甘) : 맛있는 음식도 단 줄 모른다. ＊ 애척(哀慼) : 사람의 죽음을 서러워 하다. ＊ 상생(傷生) : 생명을 해치는 것. ＊ 훼(毁) : 무너뜨림. 여기서는 슬픔으로 야위는 것을 말한다. ＊ 성(性) : 사람의 타고난 성질. 여기서는 수명을 말한다. ＊ 관곽(棺槨) : 관과 덧 널. 관은 시체를 넣는 널이고 곽은 덧 널이다. ＊ 의금(衣衾) : 의복과 금침. 여기서는 시체에 입히는 옷이나 금침. ＊ 진(陳) : 늘어 놓는다.

原本解説

古時調

　고시조(古時調)는 우리 겨레의 역사와 사회사상(社會思想)과 생활, 국토(國土)와 자연을 그대로 반영한 문학이다. 서구화, 근대화에 밀려 정신적 토대를 잃고 있는 현대인들에게 고전의 딱딱한 껍질을 벗겨 쉽게 접근할 수 있도록 해설(解説), 감상(鑑賞)을 곁들여 꾸몄으며 '충과 효'의 의미를 지닌 작품들로 구성하였다. 어구 풀이, 현대어 풀이,

감상, 작자 소개의 순서로 해설되어 시조 이해에 첩경이 되는 동시에 일반 독자들이나 학생들이 고시조 작품들을 바르게 이해하는 데 많은 도움이 될 것이다.

국화야 너는 어이하여 삼월동풍 다 지내고
낙목한천에 네 홀로 피었는고
아마도 오상고절은 너뿐인가 하노라

어구풀이 * **삼월동풍**(三月東風) : 슬슬 부는 봄바람. **낙목한천**(落木寒天) : 잎이 떨어지는 추운 하늘. **오상고절**(傲霜高節) : 서리의 차가움에도 굴하지 않는 국화의 형용.

해석 * 국화야, 너는 어찌 (만물을 생동하게 하는) 봄이 다 지난 뒤, 나뭇잎이 지고 추워진 계절에 홀로 피었느냐. 아무리 생각해 보아도 찬 서리를 이겨 내는 높은 절개를 지닌 것은 너밖에 없는 것 같구나.

지은이 * **이정보**(李鼎輔 ; 1693~1766) : 자는 사수(士受). 호는 삼주(三洲). 영조 8년에 급제하여 예조 판서(禮曹判書) 등을 역임.

낙유원 저문 날에 소릉을 바라보니
백운 깊은 곳에 금속퇴 보기 섧다
어느 때 이 몸이 돌아가 다시 모실 수 있을까

어구풀이 * **낙유원**(樂遊原) : 중국 섬서성(陝西省) 장안현(長安縣) 남쪽에 있으며, 한(漢)의 선제가 묘우(廟宇)를 세우고, '낙유'라 일컬어 이 일대를 '낙유원'이라 한다. **소릉**(昭陵) : 당태종(唐太宗)의 능. **금속퇴**(金粟堆) : 중국 봉선현 동북으로 2백 리 떨어진 곳에 있는 산 이름. 당현종(唐玄宗)의 무덤이 있음.

해석 * 낙유원의 해가 저물 녘에 당태종의 무덤이 있는 소릉을 바라보니, 흰 구름이 자욱한 곳에 있는 당현종의 능묘가 보기에도 서럽구나. / 언제나 고국에 돌아가 (임금을) 다시 모시고 지낼 수 있으리오.

지은이 * **조한영**(曹漢英 ; 1608~1670) : 자는 수이(守而). 호는 회곡(晦谷). 청나라가 명(明)나라를 치기 위하여 지원병을 요청해 오자, 이를 반대하다가 심양(瀋陽)에 잡혀가 투옥됨. 거기서 김상헌(金尙憲)과 더불어 "설고집(雪窖集)"을 지음. 저서로 "회곡 집(晦谷集)"이 전한다.

공명을 즐겨마라 영욕이 반이로다
부귀를 탐치마라 위기를 밟느니라

우리는 일신이 한가하니 두려운 일 없어라

어구풀이 * **공명**(功名) : 공을 세워 이름을 떨침. **영욕**(榮辱) : 영광과 치욕. **일신**(一身) : 한 몸.

해석 * 공을 세워서 이름을 세상에 드날리는 일을 좋아하지 말라. 영광도 따르지만, 그와 함께 치욕도 있느니라. 많은 재물과 몸이 귀해지는 것을 탐내지 말라. 반드시 위험한 일이 닥치느니라. 우리는 아무 것도 없이 한 몸이 한가하거니 두려운 일이 없도다.

지은이 * **김삼현**(金三賢 ; 연대미상) : 주의식(朱義植)의 사위. 숙종 때 절충장군(折衝將軍)을 지냈다. 관직에서 물러난 뒤 장인과 더불어 산수를 벗하고, 자연을 즐기면서 시작(詩作)으로 소일하였다.

묻노라 불나비야 네 뜻을 나는 모르겠다
한 나비 죽은 후에 또 한 나비 따라 오는구나
아무리 보잘것 없는 짐승인들 너 죽을 줄 모르느냐

어구풀이 * **불나비** : 벼슬이 좋다고 하여, 벼슬자리를 얻으려고 맹목적으로 달려드는 사람들을 비유함.

해석 * 묻노라 불나비야, 너의 뜻을 나는 모르겠도다. 한 마리가 죽은 후에 또 한 마리가 따라오는구나. 아무리 보잘것 없는 벌레라고 해도 네가 죽을 줄을 모르느냐.

지은이 * **이정보**(李鼎輔 ; 1693~1766) : 자는 사수(士受). 호는 삼주(三洲). 영조 8년에 급제하여 예조 판서(禮曹判書) 등을 역임.

언충신 행독경하고 주색을 삼가하면
내 몸에 병이 없고 남 아니 미워하니
행하고 여력이 있거든 학문을 좇아하리라

어구풀이 * **언충신**(言忠信) : 말이 충성되고 진실함. **행독경**(行篤敬) : 행동이 돈독하고 조심스러움. ※ 언충신 행독경이란 언행이 성실함을 뜻한다. **여력**(餘力) : 남은 힘. **학문을 좇아하리라** : 글을 배우겠다는 뜻.

해석 * 하는 말이 충성스럽고 믿음성이 있으며 행실이 돈독하고 조심스러워서 술과 여자를 가까이 하지 않는다면 우선 내 몸에 병이 들지 않아 좋고 남을 미워하지 않아 좋으니, 이를 행하고 남은 힘이 있으면 힘써 글을 배우리라.

지은이 * 성석린(成石璘 ; 1338~1423) : 자는 자수(自修). 호는 독곡(獨谷). 시호는 문경(文景). 창녕부원군 여완(汝完)의 아들. 조선 건국 후 영의정을 지냄.

풍상이 섞어 친 날에 갓 피운 황국화를
금분에 가득 담아 옥당에 보내오니
도리야 꽃인 체 마라 님의 뜻을 알리라

어구풀이 * 풍상(風霜) : 바람과 서리. 섞어친 : 뒤섞여 친. 갓 : 이제 막. 방금. 금분(金盆) : 좋은 화분. 옥당(玉堂) : 홍문관의 별칭. 도리(桃李) : 복사꽃과 오얏꽃.

해석 * 바람과 서리가 뒤섞이어 내린 날에 이제 막 핀 노란 국화를 좋은 화분에 가득 담아 홍문관에 보내시니, 복사꽃이나 오얏꽃아(너희들은 따뜻한 봄날에 잠깐 피었다가 떨어지니) 꽃인 체도 하지마라. (서릿발을 이겨가며 피는 국화꽃을 보내신) 임금님의 뜻을 알겠구나.

지은이 * 송 순(宋純 ; 1493~1583) : 자는 수초(遂初). 호는 면앙정(俛仰亭) 또는 기촌(企村). 작품으로는 "기촌집(企村集)" 두 권과 가사문학(歌辭文學)으로는 "면앙정가(俛仰亭歌)", 그리고 시조 등이 전함.

누구가 까마귀를 검고 흉하다 하는가
반포보은이 그 얼마나 아름다운가
사람이 저 새만 못함을 못내 슬퍼하노라

어구풀이 * 반포보은(反哺報恩) : 까마귀 새끼가 다 자란 뒤에 늙은 어미에게 먹이를 물어다 주어 은혜를 보답하는 일.

해석 * 누가 까마귀를 검고 흉하다고 하였던가. 반포보은하는 것이 그 얼마나 아름다운가. 사람이 저 까마귀만도 못함을 못내 슬퍼하노라.

지은이 * 박효관(朴孝寬 ; 조선 말기) : 자는 경화(景華). 호는 운애(雲崖). 고종 13년(1876년)에 제자 안민영(安玟英)과 함께 "가곡원류(歌曲源流)"를 편찬함. 시와 노래, 술과 거문고, 그리고 바둑으로 일생을 보냄. 노인계(老人契), 승평계(昇平契)를 중심으로 평생을 풍류로 보냈으며, 대원군(大院君)의 총애를 받음.

주려 죽으려고 수양산에 들었거니
설마 고사리를 먹으려 캐었으랴
물성이 굽어 애달파 펴주려고 캔 것이로다

어구풀이 ＊ 주려 : 주리어. 굶주리어. 물성(物性) : 물질의 본성.

해석 ＊ (백이와 숙제가 주(周)의 곡식을 안먹고) 굶어 죽으려고 수양산에 들어갔는데, 설마 고사리를 먹기 위해서 캔 것이랴. 고사리가 본래 구부려져 있는 것이 애달퍼서 바로 펴주려고 캔 것이로다.

지은이 ＊ 주의식(朱義植 ; 연대미상) : 자는 도원(道源). 호는 남곡(南谷). 숙종 때 무과에 급제. 명가(名歌)로 이름을 떨침. 몸가짐이 공손하고 마음씨가 고요하여 군자의 풍도(風度)가 있었다.

바위에 서 있는 솔이 늠연하니 매우 반갑구나
풍상을 겪어도 여위는 일이 전혀 없다
어찌하여 가져 고칠 줄을 모르는가

어구풀이 ＊ 솔 : 옛 선비는 자신을 소나무에 비유했음. 늠연(凜然) : 위엄이 있고 의젓함. 풍상(風霜) : 바람과 서리. 곧 정치기상(政治氣象)을 상징한 것으로 당쟁을 비유해서 한 말.

해석 ＊ 바위에 서 있는 소나무가 위엄이 있고 의젓한 것이 매우 반갑구나. 바람과 서리를 무수히 겪어도 여위는 일이 전혀 없이 꿋꿋하구나. 어찌하여 봄비를 가져 고칠 줄을 모르는가?

지은이 ＊ 이신의(李愼儀 ; 1551~1628) : 자는 경칙(景則). 호는 석탄(石灘). 그의 문집으로 "석탄집"이 전한다.

오면 가려하고 가면 아니오네
오노라 가노라니 볼 날이 전혀 없네

오늘도 가노라 하니 그것을 슬퍼하노라

어구풀이＊ 오노라 가노라니 : 왔다가는 곧 가버리니.

해석 : 오면 가려하고 가면 아니 오네. 왔다가는 곧 가버리니 만나 볼 날이 전혀 없구나. 오늘도 또 (그대가) 가려하니 그것을 슬퍼하노라.

지은이＊ 선조(宣祖 ; 1552~1608) : 조선 14대 왕. 덕흥대원군(德興大院君)의 아들. 이퇴계·이율곡 등을 등용하여 선정(善政)에 힘쓰고 "유선록(儒先錄)" 등을 간행하여 유학을 장려하였다.

님에게서 오신 편지 다시금 숙독하니
무정하다 하려니와 남북이 멀어라
죽은 후 연리기 되어 이 인연을 이으리라

어구풀이＊ 숙독(熟讀) : 여러 번 읽음. 연리기(連理枝) : 두 나무가 서로 맞닿아 결이 통하는 것. 화목한 부부나 남녀의 사이를 이르는 말.

해석＊ 임에게서 온 편지를 읽고 또 읽는다. (편지만을 보내주는 임이기에) 무정한 임이라고 하겠지만 남북이 멀기 때문일 것이다. (살아서 만나지 못하고 그리워만 하는 임이라면) 죽은 뒤는 화목한 부부가 되어 인연을 이으리라.

지은이＊ 유세신(庾世信 ; 연대미상) : 호는 묵애당(默艾堂). 영조 때의 가인(歌人)으로 시조 6수가 전한다.

녹초청강상에 굴레 벗은 말이 되어
때때로 머리 들어 북향하여 우는 뜻은
석양이 재너머 가매 님이 그리워 우노라

어구풀이＊ 녹초청강상(綠草晴江上) : 푸른 풀이 우거진 비 갠 강가. 곧 강호의 뜻. 굴레 벗은 말 : 벼슬을 그만두고 자유로이 됨의 비유. 북향(北向) : 왕이 계신 곳을 향함. 북은 왕이 있는 방위. 군신(君臣)이 상견할 때 군은 남면(南面)하고 신은 북면(北面)하므로, 신이 어디에 있든지 임금이 있는 곳을 향할 때는 북향한다 함. 석양(夕陽)이 재너머 가매 : 나이 들어 늙어 가매.

해석＊ 푸른 풀이 우거진 비 갠 강가에서, 벼슬을 그만두고 자유로이 지내지만, 때때로 머리를 들어 임금님이 계신 곳을 향하여 눈물짓는 것은, 이 몸이 점점 늙어가므로 다시는 못 뵐까 하는 마음에서 그러는 것이도다.

지은이＊ 서 익(徐益 ; 1543~1587) : 자는 군수(君受). 호는 만죽(萬竹). 저서는 "만죽헌집(萬竹軒集)"이 전한다.

소상강 긴 대 베어 하늘 미치게 비를 매어
폐일부운을 다 쓸어 버리고저
시절이 하 수상하니 쓸똥말똥 하여라

어구풀이＊ 소상강(瀟湘江) : 중국 호남성(湖南省) 동정호(洞庭湖) 남쪽에 있는 강.
폐일부운(蔽日浮雲) : 해를 가리는 뜬 구름. 임금의 총명을 가리는 간신을 비유한 말.
하 : 매우. 쓸똥말똥 : 쓸지 말지.

해석＊ 소상강가에 자란 긴 대를 베어다가 하늘에 미칠만한 큰 비를 매어가지고 해를 가리고 있는 뜬 구름을 다 쓸어 버리고 싶구나 ! 그러나 때가 매우 이상하니 쓸까 말까 머뭇거리는구나 !

지은이＊ 김 유(金瑬 ; 1571~1648) : 자는 관옥(冠玉). 호는 북저(北渚). 선조 29년 정시(庭試)에 급제, 인조반정 후 영의정에 오름.

공명 그것이 무엇인고 헌신짝 벗는 것과 같도다
전원에 돌아오니 미록이 벗이로다
백년을 이리 지냄도 역군은이시다

어구풀이＊ 미록(麋鹿) : 고라니와 사슴. 깨끗한 시골 구석을 비유한 말. 역군은(亦君恩) : 임금님의 은혜.

해석＊ 공명이란 것이 무엇인가 ? 헌신짝 벗는 것과 같도다. (그런 별가치 없는 공명을 벗어 던지고) 자연으로 돌아오니, 고라니와 사슴들이 벗이로구나. (이런 속에서) 이렇게 지내는 것도 역시 임금님의 은혜이로다.

지은이＊ 신 흠(申欽 ; 1566~1628) : 자는 경숙(敬淑). 호는 상촌(象村). 한학 사대가

(漢學四大家)의 한 사람이며 문집(文集)으로 "상촌집(象村集)"이 전하고 시조 31수가 있다.

선으로 패한 일 보며 악으로 이룬 일 보았는가
이들 사이에 취사가 아니 명백한가
진실로 악 된 일 아니 하면 자연위선 하느니

어구풀이＊취사(取捨)：취할 것과 버릴 것. 자연위선(自然爲善)：자연히 선한 사람이 된다.

해석＊선으로 패한 일 보았으며, 악으로 이룬 일 보았는가. 이들 사이에 버릴 것과 취할 것이 명백치 아니한가. 정말로 악한 일 아니 하면 자연히 선하게 되나니.

지은이＊엄 흔(嚴昕 ; 연대미상)：자는 계소(啓昭). 호는 십성당(十省堂).

반중 조홍감이 곱게도 보이도다
유자 아니라도 품어 갈 마음이 있지마는
품어 가 반길 이 없으니 그것을 서러워 하노라

어구풀이＊반중 조홍(盤中 早紅)감：소반에 놓인 일찍 익은 붉은 감. 유자(柚子)：귤의 일종으로 귤보다 작음.

해석＊소반에 놓인 붉은 감이 곱게도 보이는구나. / 비록 유자가 아니라도 품어 갈 마음이 있지마는, 품어 가도 반가워해 줄 부모님이 안계시기 때문에 그를 서러워 합니다.

지은이＊박인로(朴仁老 ; 1561~1642)：자는 덕옹(德翁). 호는 노계(蘆溪), 또는 무하옹(無何翁). 가사문학에서는 송강(松江)과, 시조문학에서는 고산(孤山)의 중간에 위치하는 작가로서, 양적으로 많은 작품을 남기고 있으나, 같은 말의 반복에서 오는 단조로움, 유교적인 교훈에 지나치게 몰입하여 문학성은 결여됨. 저서로 "노계집"이 있고, "태평사(太平詞)" 등의 가사(歌辭) 7편과 시조 68수가 전한다.

시절도 저러하니 인사도 이러하다
이러하거니 어이 저렇지 아니할소냐

이렇다 저렇다하니 한숨겨워 하노라

어구풀이 * **시절**(時節) : 정치 정세를 비유한 말. **저러하니** : 저렇게 어수선하니.

해석 * 시절이 저 지경이 되어 가니, 사람의 일도 이 지경이로구나 / 사람마다 모든 일이 이 지경이니, 어찌 모든 사람의 일이 저 지경이 아닐 수 있으리요? 이렇다 저렇다 시비들만 하고 있으니 참으로 한숨을 참을 수가 없구나.

지은이 * **이항복**(李恒福 ; 1556~1618) : 자는 자상(子常). 호는 필운(弼雲) 또는 백사(白沙). 선조 때의 명신(名臣)이며 재사(才士). 어렸을 때부터 두뇌가 영특하여 많은 일화를 남김. 시호는 문충(文忠).

이 몸이 죽어가서 무엇이 될까하니
봉래산 제일봉에 낙락장송 되어서
백설이 만건곤할 제 독야청청 하리라

어구풀이 * **봉래산**(蓬萊山) : 신선(神仙)들이 살고 있다는 가상적인 산으로 중국의 삼신산(三神山)의 하나. 우리나라에선 여름철의 금강산 이름. 여기서는 서울의 남산이라고 보는 것이 좋다. **낙락장송**(落落長松) : 키가 크고 가지가 축축 늘어진 소나무. **만건곤**(滿乾坤) : 하늘과 땅에 가득참. **독야청청**(獨也靑靑) : 홀로 푸르고 푸름.

해석 * 이 몸이 죽은 후에 무엇이 될 것인가 하면, 저 신들이 살고 있다는 봉래산 제일 높은 봉우리에 싱싱하게 자란 큰 소나무가 되었다가, 흰 눈이 온 누리를 덮어도 나만은 홀로 푸른빛을 보여주리라.

지은이 * **성삼문**(成三問 ; 1418~1456) : 자는 근보(謹甫), 호는 매죽헌(梅竹軒). 집현전 학사로서 시문(詩文)에 능하였으며 훈민정음(訓民正音) 창제시 음운(音韻)을 연구하기 위하여 요동(遼東)에 귀양와 있던 황 찬(黃瓚)을 열세 번이나 찾아 갔었다 한다. 단종 복위의 실패로 39세의 나이에 세조에 의해 형장의 이슬로 사라짐.

삼동에 베옷 입고 암혈에 눈비 맞아
구름낀 볕 조금도 쬔적이 없건마는
서산에 해지다 하니 눈물겨워 하노라

어구풀이 *삼동(三冬) : 겨울의 석달. 곧 시월, 동짓달, 섣달. 매우 추운 겨울을 뜻함. 암혈(岩穴) : 바위틈의 조그만 거처. 서산에 해지다 : 저물어 가는 인생. 여기서는 중종의 승하를 가리킴.

해석 * (세상을 등지고 사는 신세라) 한겨울의 석달 동안 베옷을 입고 바위틈 동굴 같은 데서 눈비를 맞으며 구름이 덮인 햇빛이나마 쪼인 적이 없건만 (조금도 임금님의 은혜를 받은 적이 없건만) 서산으로 해가 넘어 갔다 하니 (임금님이 돌아가셨다 하니) 흐르는 눈물을 주체할 수가 없구나.

지은이 *조 식(曺植 ; 1501~1572) : 자는 건중(健仲). 호는 남명(南溟). 선조 때의 명망있는 성리학자로 제자백가(諸子百家)에 통달함. 벼슬을 물리치고 지리산에 들어가 후진 양성에 전념. 저서로는 "남명집(南溟集)"이 전함.

초당에 일이 없어 거문고를 베고 누워
태평성대를 꿈에나 보려고 했더니
문전에 수성어적이 잠든 나를 깨우도다

어구풀이 *초당(草堂) : 안채와 떨어져 있는 딴 채(조촐한 별채). 자기집을 낮추어 쓰는 말. 태평성대(太平聖代) : 명군(名君)이 다스리는 태평한 세상. 수성어적(數聲漁笛) : 어부들이 부르는 몇 마디 피리 소리.

해석 *초당에 한가하게 앉았다가 거문고를 베고 누워, 살기 좋은 세상을 꿈에서나 겪어볼까 하였더니, (채 꿈이 이루기 전에) 문 밖에서 떠드는 어부들의 노랫소리가 나를 기어이 깨워놓고 마는구나.

지은이 *유성원(柳誠源 ; ?~1456) : 자는 태초(太初), 호는 낭간(琅玕). 집현전 학사의 한 사람.

흥망이 유수하니 만월대도 추초이로다
오백년 왕업이 목적에 붙여 졌으니
석양에 지나는 객이 눈물겨워 하더라

어구풀이 *흥망(興亡) : 떨쳐 일어남과 망하여 없어짐. 성쇠(盛衰). 유수(有數) : 운수에 달려 있음. 만월대(滿月臺) : 개성에 있는 고려 왕실의 궁터. 추초(秋草)이로다 :

시든 가을 풀이로다. 곧 황폐하였음을 비유한 말. **오백년 왕업**(五百年 王業) : 고려 5
백년 동안(918~1392)을 이어온 한 왕조의 대업(大業). **목적**(牧笛) : 목동이 부는 피리
소리. **붙이어 졌으니** : 사연들이 피리소리에 담겨 불려지고 있으니. **눈물겨워 하더라** :
눈물을 이기지 못 해 하노라.

해석＊ 흥하고 망하는 것이 다 운수에 매어 있는 것이니, 화려한 고려의 궁궐이 있던
만월대도 이제는 시든 가을풀만이 우거져 있을 뿐이로구나. 오백년 동안이나 이어 오던
고려의 왕업은 이젠 한낱 목동이 부는 구슬픈 피리 소리에나 담겨 불리워지니 해질 무
렵 이곳을 지나는 나그네(작자 자신)로 하여금 슬픔을 이기지 못하게 하는구나.

지은이＊ 원천석(元天錫) : 고려말 절개를 지킨 신하. 자는 자정(子正). 호는 운곡(耘
谷). 이방원의 스승. 고려말 세상이 어지러워지자 벼슬을 내어놓고 치악산(雉岳山)에
서 부모를 봉양하며 은거하고 살았음. 후에 태종이 왕위에 올라 그를 불렀으나 거절했
다고 함.

가노라 한강수야 다시보자 종남산아
고국산천을 떠나고자 하랴마는
시절이 하 분분하니 볼똥 말똥 하여라

어구풀이＊ **종남산**(終南山) : 지금의 남산(南山). **고국산천**(故國山川) : 고국의 산과 물.

해석＊ 떠나가노라 한강물이여！ (언제가 될지 모르지만) 다시 보자 남산이여！ 할 수
없이 이 몸은 고국산천을 떠나려고 하지마는 시절이 하도 뒤숭숭하니 다시 돌아올지 어
떨지를 모르겠구나！

지은이＊ 김상헌(金尙憲 ; 1570~1652) : 자는 숙도(叔度). 호는 청음(淸陰) 또는 석
실산인(石室山人). 김상용(金尙容)의 동생.

간밤의 울던 여울 슬피 울며 지나갔다
이제야 생각하니 님이 울어 보내는구나
저 물이 거슬러 흘렀으면 나도 울어 가겠도다

어구풀이＊ **여울** : 물이 소리내며 흘러가는 곳.

해석＊ 지난밤에 소리내어 흐르던 여울 물이 몹시도 구슬프게 울면서 지나간 듯하구

나. 지금 와서 생각하니 님(임금)이 서러움을 이 물에 띄워 보내시는구려. 만일 여울 물이 되돌아 흘러갈 수만 있다면, 나의 서러움도 얹어 님계신 곳으로 보내고 싶구나.

지은이＊원 호(元昊) : 자는 자허(子虛), 호는 무항(霧巷) 또는 관란(觀瀾). 생육신 의 한 사람으로 문종 때 집현전 직제학을 지냄.

생평에 원하나니 다만 충효 뿐이로다
이 두 일을 말면 금수와 다르리오
마음에 하고자 하여 십재황황 하노라

어구풀이＊원(願)하나니 : 원하는 것은. 금수(禽獸) : 짐승. 십재황황(十載遑遑) : 십 년을 마음이 급해 허둥지둥함.

해석＊평생에 원하는 것은 다만, 임금님께 충성하고 부모님께 효도하는 일 뿐이로다. 이 두 일을 하지 않으면 짐승과 무엇이 다르겠는가. 마음에 하고자 하여 십 년을 조급 하게 허둥대고 있도다.

지은이＊권호문(權好文 ; 1532~1587) : 자는 장중(章仲). 호는 송암(松岩). 저서에 경기체가(景幾體歌) "독락팔곡(獨樂八曲)"과 시조 "한거십팔곡(閑居十八曲)" 등이 전 한다.

엊그제 벤 솔이 낙락장송 아니던가
잠깐동안 두었던들 동량재 되겠더니
아 명당이 기울면 어느 나무로 버티겠느냐

어구풀이＊낙락장송(落落長松) : 가지가 축축 늘어진 큰 소나무. 명당(明堂) : 임금 이 정사(政事)하는 곳. 곧 조정이나 대궐의 뜻.

해석＊엊그제 잘라버린 소나무는 우뚝우뚝 솟은 가지가 축축 늘어진 큰 소나무가 아 니었던가. 잠시 동안만 두었던들 큰 대들보감이 되었을 터인데. (아깝게도 베어 버렸구 나) 아! 궁전이 기울면 어느 나무로 대들보를 삼아서 쓸 것인가?

지은이＊김인후(金麟厚 ; 1510~1560) : 자는 후지(厚之), 호는 하서(河西). 현종 때 에 이조판서, 양관대제학을 추증. 시호는 문정(文靖). 저서로는 "하서집(河西集)" 약 간 권이 남아 있음.

오리의 짧은 다리 학의 다리가 될 때까지
검은 까마귀 해오라비 될 때까지
향복무강하시어 억만 세를 누리소서

어구풀이 * **해오라비** : 해오라기. **향복무강**(享福無疆) : 끝없이 복을 누림.

해석 * 오리의 짧은 다리가 학의 다리처럼 길어지고, 검은 까마귀가 백로처럼 희게 될 때까지 복을 누리며 억만년까지 오래도록 사시옵소서.

지은이 * **김 구**(金絿 ; 1488~1533) : 자는 대유(大柔). 호는 자암(自庵). 기묘사화 때 귀양살이를 하기도 했음. 이조 초기의 4대 서예가 중의 한 사람으로 인수체(仁壽體)라는 독특한 서체를 만들었음.

녹이상제 살찌게 먹여 시냇물에 씻겨 타고
용천설악을 잘들게 갈아 둘러메고
장부의 애국충절을 세워 볼까 하노라.

어구풀이 * **녹이상제**(綠駬霜蹄) : 하루에 천 리를 달리는 날랜 말로서 곧, 명마(名馬), 준마(駿馬)의 뜻. '녹이'는 중국 주왕(周王)이 타던 푸른빛의 귀를 가진 말이며, '상제'는 날랜 말굽이라는 뜻. **용천설악**(龍泉雪鍔) : 무척 좋은 칼. '용천'은 '태아(太阿)' '상시(上市)'와 더불어 중국의 보검으로 꼽히며, '설악'은 잘 베어지는 칼날. **위국충절**(爲國忠節) : 나라를 위해 바치는 충성과 절개.

해석 * 하루에 천 리를 달린다는 녹이상제 같은 준마를 살찌게 먹여 시냇물에 씻겨 올라타고, 용천검 같은 크고 잘드는 보검을 더욱 잘들게 갈아서 둘러메고 사나이 대장부의 나라를 위하는 충성과 절개를 세워 볼까 하노라.

지은이 * **최 영**(崔瑩 ; 1316~1388) : 고려 말의 명장. 공민왕 때 왜구 토벌에 공을 세웠으며 명나라와 철령위 문제를 계기로 요동정벌을 주장하여 팔도 도통사가 되어 위화도에 주둔하였다가, 이성계의 위화도 회군을 막지 못하고 창왕의 즉위 후 죽음을 당함. 시호는 무민(武愍).

풍진에 얽매이어 떨치고 못갈지라도
강호일몽을 꾼 지 오래더니

성은을 다 갚은 후엔 호연장귀 하리라

어구풀이＊ **풍진**(風塵) : 속세의 번거로운 일. **강호일몽**(江湖一夢) : 속세를 떠나 대자연으로 돌아가는 꿈. **성은**(聖恩) : 임금의 거룩한 은혜. **호연장귀**(浩然長歸) : 마음놓고 기분이 좋게 돌아감.

해석＊ 세속에 얽매어서 지금 당장은 떨치고 갈 수가 없을지언정, 대자연 속에서 살겠다는 꿈은 꾼 지가 오래도다. (나라 위한 일을 다하여) 임금에 대한 은혜를 다 갚은 뒤는 마음놓고 기분이 좋게 자연으로 돌아가련다.

지은이＊ **김천택**(金天澤 ; 연대미상) : 자는 백암(伯涵), 또는 이숙(履叔). 호는 남파(南坡). 숙종 때 포교(捕校)를 지냄. 창곡(唱曲)에 뛰어난 천재였으며, 김수장(金壽長) 등과 더불어 경정산가단(敬亭山歌壇)을 조직하여 후진을 양성. 영조 4년에 청구영언을 편찬하여, 시가사상(詩歌史上) 최초로 시조의 정리와 발달에 공헌.

—봄—

강호에 봄이 찾아드니 미친 홍이 절로 난다

탁효계변에 금린어 안주이로다

이 몸이 한가함도 임금의 은혜이시도다

—여름—

강호에 여름이 찾아드니 초당에 일이 없다

유신한 강파는 보내는 것이 바람이로다

이 몸이 서늘한 것도 임금의 은혜이시도다

—가을—

강호에 가을이 찾아드니 고기마다 살쪄 있다

소정에 그물실어 흐르게 띄워 던져두고

이 몸이 소일함도 임금의 은혜이시도다

─겨울─

강호에 겨울이 찾아드니 눈 깊이 한 자가 넘는도다
삿갓 비스듬히 쓰고 누역으로 옷을 삼아
이 몸이 춥지 아니함도 임금의 은혜이시도다

어구풀이＊**강호**(江湖) : 강과 호수가 있는 곳. 곧 글을 읊을 줄 아는 사람들이 즐겨 찾는 경치 좋은 은거지(隱居地). **탁효**(濁醪) : 걸죽한 술. 막걸리. **계변**(溪邊) : 시냇가. **금린어**(錦鱗魚) : 쏘가리 또는 아름다운 물고기. 곧 물고기를 미화시킨 말. **초당**(草堂) : 안채와는 떨어져 있고, 세운 풀로 지붕을 이은 집. **유신**(有信)**한** : 신의가 있는. 미더운. **강파**(江波) : 강물. **소정**(小艇) : 작은 배. **소일**(消日) : 날을 보냄. **누역**(縷繹) : 도롱이. 띠풀 따위로 엮어서 만든 비옷.

해석＊봄 : 속세를 떠난 대자연에 봄이 찾아드니 참을 수 없는 흥겨움이 솟구친다. 막걸리를 마시며 노는 강놀이에 싱싱한 물고기가 술안주로구나. 이 몸이 아무 걱정없이 한가롭게 지낼 수 있음도 역시 임금님의 은혜이시도다.
여름 : 대자연에 여름이 오니 초당에 있는 나에게도 할 일이 없다. 미더운 푸른 강물이 보내는 것은 서늘한 바람이로구나. 이 몸이 이렇게 시원하게 지내는 것도 역시 임금님의 은혜이시도다.
가을 : 대자연에 가을이 찾아오니 고기마다 살쪄 있다. 조그마한 배에 그물을 실어, 물결 흐르는대로 맡겨 놓고 이 몸이 한가하게 세월을 보낼 수 있음도 역시 임금님의 은혜이시도다.
겨울 : 대자연에 겨울이 닥치니 쌓인 눈의 깊이가 한 자가 넘는구나. 삿갓을 머리에 비스듬히 쓰고 도롱이를 둘러 옷을 삼아 이 몸이 이렇게 춥지 않게 지낼 수 있음도 임금님의 은혜이시도다.

지은이＊**맹사성**(孟思誠 ; 1360~1438) : 자는 자명(自明). 호는 고불(古佛). 일찍이 권 근(權近) 밑에서 수업한 그는 하늘이 낸 효자였음. 세종 때 좌의정까지 오른 그였지만 청백간소(淸白簡素)하여 곳곳에 비가 새어 의관(衣冠)을 적시는 협소한 집에 살았을 정도로 평민적이고 고아(高雅)한 인품의 소유자였음. 시호는 문정(文貞).

풍설 섞어 친 날에 묻노라 북래사자야
소해용안이 얼마나 추우신가
고국의 못 죽는 고신이 눈물겨워 하노라

어구풀이 * 풍설(風雪) : 바람과 눈. 북래사자(北來使者) : 북쪽 요양(遼陽)에서 온 사자. 소해용안(小海容顔) : 왕자의 모습. 고신(孤臣) : 외로운 신하. 즉 작자 자신을 일컬음.

해석 * 바람과 눈이 뒤섞여 내리는 날에 물어보노라. 북쪽 심양에서 온 사람이여./ (볼모로 잡혀 간) 우리 왕자님들이 얼마나 추워하시는고. 고국에서 죽지도 못하고 살아 있는 외로운 신하는 눈물을 이기지 못해 하노라.

지은이 * 이정환(李廷煥 ; 1613~1673) : 자는 휘원(輝遠). 호는 송암(松岩).

높으나 높은 나무에 날 권해 올려두고
이보오 벗님네야 흔들지나 말아주소
떨어져 죽기는 슬프지 않아도 님 못 볼까 하노라

어구풀이 * 슬프지 않아 : 섧지 아니하여도. 슬프지 아니하더라도. 님 : 여기서는 임금을 뜻함. 곧 선조.

해석 * 높으나 높은 나무 위에 나를 올라가라고 권해 올려놓고 여보게 친구분들아, 흔들지나 말아주소. 떨어져서 죽는 것은 슬프지 아니하여도 님을 보지 못할까 두렵구나.

지은이 * 이양원(李陽元 ; 1533~1592) : 자는 백춘(伯春). 호는 노저(鷺渚). 임진왜란 당시 유도대장(留都大將)으로 분투하였으며, 영의정으로 승진되었다가 선조가 요(遼)로 건너갔다는 헛소문을 듣고 통한(痛恨)하여 8일간이나 단식하다 죽음.

춘산에 불이 나니 못다 핀 꽃 다 죽는다
저 뫼의 저 불은 끌 물이나 있지마는
이 몸에 연기 없는 불이 나니 끌 물 없어 하노라

어구풀이 * 춘산(春山)의 불 : 임진왜란을 비유. 못다 핀 꽃 : 불 속에 타버린 젊은 용사들. 즉 전쟁에서 전사한 아리따운 청춘들을 가리킴.

해석 * 봄동산에 불이 나니 미처 피지 못한 꽃이 다 타 죽는구나. 저 산의 저 불은 끌 수 있는 물이나 있지마는, 내 몸에는 연기도 없는 불이 타고 있으니 끌 물이 없어 안타깝구나.

지은이 * 김덕령(金德齡 ; 1567~1595) : 자는 경수(景樹). 어려서부터 무예를 연마하

여 조선의 조자룡이라 스스로 칭함. 임진왜란이 발발하자 전주에서 의병을 일으킴. 이
듬해 이몽학의 모함과 유성룡의 잘못으로 고문을 당하여 옥사. 시호는 충장(忠狀).

—1연—
사람 사람마다 이 말씀 들으려므나
이 말씀 아니면 사람이면서 사람 아니니
이 말씀 잊지 말고 배우고야 말것입니다

—2연—
아버님 날 낳으시고 어머님 날 기르시니
부모가 아니시면 내 몸이 없으렸다
이 덕을 갚으려 하니 하늘같이 끝이 없구나

—3연—
종과 주인을 누가 만들어 내었는가
벌과 개미가 이 뜻을 먼저 아는구나
한 마음에 두 뜻을 가지는 일이 없도록 속이지나
마십시오

—4연—
남편이 밭 갈러 간 곳에 밥고리 이고 가
반상을 들여오되 눈썹 높이까지 공손히 들어
바칩니다.
진실로 고마우신 분이시니 손님과 다를까

—5연—
늙은이는 부모같고 어른은 형같으니

같은데 불공하면 어디가 다를까
나로서는 맞이하게 되면야 절하고야 말 것입니다

어구풀이＊ **밥고리** : 밥을 담는 광주리. **반상(飯床)** : 밥상. **불공(不恭)하면** : 공손하지 않으면.

해석＊ 1연 : 모든 사람들은 이 말씀(삼강오륜의 말)을 들으려므나. 이 말씀이 아니면 사람이면서도 사람이 아닌 것이니, 이 말씀을 잊지 않고 배우고야 말 것입니다.
 2연 : 아버님이 날 낳으시고 어머님이 날 기르시니 부모님이 아니셨더라면 이 몸이 없었을 것이다. 이 덕을 갚고자 하니 하늘같이 끝이 없구나.
 3연 : 종과 상전의 구별을 누가 만들어내었는가. 벌과 개미들이 이 뜻을 먼저 아는구나. 한 마음에 두 뜻을 가지는 일이 없도록 속이지나 마십시오.
 4연 : 남편이 밭 갈러 간 곳에 밥 담을 광주리를 이고 가서, 밥상을 들여오되 눈썹 높이까지 공손히 들어 바칩니다. (남편은) 진실로 고마우신 분이시니 (삼가고 조심해야 할) 손님을 대하는 것과 무엇이 다르겠습니까.

지은이＊ **주세붕(周世鵬 ; 1495～1554)** : 자는 경유(景游). 호는 신재(愼齋). 명종 9년 풍기군수(豊基郡守) 당시 백운동서원(白雲洞書院)을 세워 우리 나라에서 서원을 처음으로 세운 학자. 작품으로 경기체가 형식의 "도동곡(道東曲)"

수양산 내린 물이 이제의 원루이로다
주야불식하고 여울여울 우는 뜻은
지금의 위국충절을 못내 슬퍼하노라

어구풀이＊ **원루(怨涙)** : 원통한 눈물이. **불식(不息)** : 쉬지 않음.

해석＊ (저 백이와 숙제의 두 형제가 옛 임금을 사모하고, 주나라 곡식을 먹지 않겠다고 숨어 살던) 수양산에서 흘러 내리는 물은, 물이 아니라 이제(夷齊) 형제의 원한어린 눈물이로다. (그들의 눈물이) 밤낮을 쉬지 않고 여울여울 흘러 내리는 까닭은, 오늘날의 나라를 위한 충성심이 옛날과 달리 보잘 것 없음을 슬퍼하여 그러는 것이로다.

지은이＊ **홍익한(洪翼漢 ; 1586～1637)** : 자는 백승(伯升). 호는 화포(花浦). 윤집(尹集), 오달제(吳達濟) 등과 함께 3학사(三學士)의 한 사람.

일찍 심어 늦게 피니 군자의 덕이로다
풍상에 아니지니 열사의 절이로다
세상에 도연명 없으니 그것을 슬퍼하노라

어구풀이 * **군자(君子)** : 덕행을 갖춘 성인(聖人). **풍상(風霜)** : 바람과 서리. 흔히 세
상살이의 고생과 시련을 비유. **열사(烈士)** : 높은 기개를 품고 절개를 지켜 지조 있게
사는 사람. **도연명(陶淵明)** : 중국 동진의 시인. 본명은 잠(潛), 자는 연명(淵明). 진
이 멸망하자 시골에 들어가 벼슬을 하지 않았으므로 정절선생(靖節先生)이라 일컬으며,
저서에 '도화원기(桃花源記)'가 있음.

해석 * 일찍 심어서도 꽃은 늦게서야 피어나니, 이는 모든 일에 신중을 기하는 군자의
덕행이라 할 수 있도다. 비바람 눈서리에도 꽃은 떨어지지 않으니, 높은 지조를 가진
열사의 절개와도 같도다. 옛날 진나라가 멸망했을 때 벼슬에서 물러난 도연명과 같은
이를 지금 세상에서는 볼 수 없으니 이를 슬퍼하는도다.

지은이 * **성여완(成汝完 ; 1309~1397)** : 호는 이헌(怡軒). 고려 공민왕 때 민부상서(
民部尚書)를 지냄. 이 씨 일파가 정몽주를 암살하자, 고려의 국운이 다했음을 깨닫고
포천 왕방산(王方山)으로 들어가 여생을 마쳤음.

발산력 개세기는 초패왕의 버금이요
추상절 열일충은 오자서의 위로구나
천고산 늠름장부는 수정후인가 하노라

어구풀이 * **발산력 개세기(拔山力盖世氣)** : 산을 뽑을 만한 힘과 세상을 뒤엎을 기상.
추상절 열일충(秋霜節烈日忠) : 추상 같은 절의와 햇빛처럼 뜨거운 충성. 곧 지엄(至
嚴)한 충절을 가리킴. **오자서(伍子胥)** : 중국 춘추시대 초(楚)나라 사람. 이름은 원(員).
아버지 사(奢)와 형 상(尚)을 죽인 평왕(平王)에게 오나라의 도움으로 원수를 갚음. **늠
름장부(凜凜丈夫)** : 씩씩한 사나이. **수정후(壽亭侯)** : 중국 삼국 시대의 촉(蜀)의 관우
(關羽)를 가리킴. '수정후'란 위(魏)의 조조(曹操)가 내린 작위 이름.

해석 * 산을 뽑을 기운과 세상을 뒤엎을 기상은 항우의 다음이요, 서릿발 같은 절개와
햇빛같이 뜨거운 충성심은 오자서보다 낫도다. 오랜 세월에 걸쳐 장부로서 숭배할 사람
은 관운장(關雲長)인가 하노라.

지은이 * **임경업(林慶業 ; 1594~1646)** : 자는 영백(英白). 호는 고송(孤松). 광해군

때에 무과에 급제하여 지략과 용맹으로 이름을 떨침.

내가 그리워하거니 네가 안 그릴런가
천 리 만향에 얼마나 그리고 있느냐
사창에 슬피우는 저 접동새야 불여귀라
말아라 내마음 둘 데 없어라

어구풀이 * **천리만향**(千里蠻鄕) : 멀리 떨어진 오랑캐의 고장. 여기서는 소현 세자와 봉림 대군이 잡혀가 있는 심양(瀋陽)을 가리킴. **사창**(沙窓) : 비단을 바른 창. '紗窓'의 잘못. **불여귀**(不如歸) : 접동새의 다른 이름인데, 여기서는 글자의 뜻대로 '돌아감만 못하다'라는 뜻으로 쓰였다.

해석 * 나도 네가 그립기 그지없는데, 너리고 하여 그립지 않을 리가 있겠는가? 천 리나 멀리 떨어진 오랑캐 땅에서 얼마나 그립겠는가? 창 밖에서 슬피 울고 있는 저 접동새야 돌아감만 못 하다고 하지를 말아라. 내 이 안타깝고 그리운 심정을 둘 곳이 없구나!

지은이 * **인조**(仁祖 ; 1595~1649) : 조선 16 대 왕. 광해군의 폭정에 반정을 일으킨 서인의 이 귀(李貴), 김자점(金自點), 김 유(金璧), 이 괄(李适) 등의 추대로 1623 년에 즉위. 병자 호란 당시 삼전도(三田渡)에서 청의(淸衣)를 입고 항복하는 치욕을 당하였다.

어전에 실언하고 특명으로 내치시니
이 몸이 갈 데 없어 서호를 찾아가니
밤중쯤 닻 드는 소리에 연군성이 새로워라

어구풀이 * **어전**(御前) : 임금의 앞. **실언**(失言) : 말을 잘못함. **내치시니** : 물러가게 하시니. **서호**(西湖) : 5강(江)의 하나. 5강은 한강(漢江), 마포(麻浦), 용산(龍山),지호(支湖), 서호(西湖). 여기서는 자연의 뜻. **연군성**(戀君誠) : 임금을 그리는 정성.

해석 * 임금 앞에서 한 말이 잘못되어 물러가라고 내치시니, 이 몸이 갈 곳이 없어 자연을 찾아갔다. 밤중쯤 닻 드는 소리를 들으니, 임금을 그리는 심정이 새로워지는구나.

지은이 * **구인후**(具仁后 ; 1578~1658) : 자는 중재(仲載), 호는 유포(柳浦). 선조 때

무과에 급제, 인조반정 때에는 2등 공신이 되었으며, 효종 때에는 우의정과 좌의정을 지냄.

흉중에 불이 나니 오장이 다 타는구나
신농씨 꿈에 보아 불 끌 약 물었더니
충절과 강개로 난 불이니 끌 약 없다 하더라

어구풀이＊ **흉중(胸中)** : 가슴 속. **오장(五臟)** : 다섯 가지 내장. 곧 간(肝), 심(心), 비(脾), 폐(肺). **신농씨(神農氏)** : 중국 고대의 삼황(三皇) 중의 한 사람. 농사짓기를 가르치고 의약(醫藥)을 만들어 냈다고 한다. **강개(慷慨)** : 의분(義憤). 불의를 보고 정의심이 복받쳐 슬퍼하고 한탄함.

해석＊ 가슴 속에 불이 이글거려, 오장육부가 다 타가는구나. 꿈에 신농씨를 만나서 가슴 속의 이 불을 끌 약이 있느냐고 물어 보았더니, 충성어린 절개와 불의에 복받쳐 슬퍼하고 한탄하는 데서 생긴 불이니, 세상이 바로잡아지지 않는 한 그 불을 끌 약이 없다고 하더라.

지은이＊ **박태보(朴泰輔 ; 1654~1689)** : 자는 사원(士元). 호는 정재(定齋). 숙종 15년 인현왕후(仁顯王后) 폐비 사건 때 반대 상소를 올렸다가 유배가던 도중 노량진에서 죽음. 저서로 "정재집(定齋集)"이 있다.

달리는 말 서서 늙고 잘드는 칼 녹이 슬었다
무정한 세월은 백발을 재촉하니
성주의 누세홍은을 못 갚을까 하노라

어구풀이＊ **누세홍은(累世鴻恩)** : 대대로 받은 넓은 은혜.

해석＊ 잘 달리는 말은 서서 그대로 늙고, 잘 드는 칼은 그대로 녹이 끼고 말았도다. 무정한 세월은 흘러서 백발을 재촉하니, 임금님으로부터 대대로 받은 큰 은혜를 갚을 길이 없구나.

지은이＊ **유혁연(柳赫然 ; 1616~1680)** : 자는 회이(晦爾). 호는 야당(野堂). 인조 22년에 무과에 급제. 삼도통제사(三道統制使), 어영대장(御營大將), 포도대장(捕盜大將) 등을 역임.

—1연—
아버님 날 낳으시고 어머님 날 기르시니
두 분만 아니시면 이 몸이 살아있을까
하늘 같은 은덕을 어디에다 갚사오리

—3연—
형아 아우야 살을 만져 보아라
누구에게 태어났기에 모양까지 같을까
한 젖을 먹고 길러나서 딴 마음을 먹지 마라

—4연—
어버이 살아실제 섬기는 일을 다 하여라
지나간 후면 애닯다 어찌하리
평생에 다시 못 할 일 이뿐인가 하노라

—11연—
아 저 조카여 밥없이 어찌할까
아 저 아저씨여 옷없이 어찌할까
궂은 일 다 말하려므나 돌보고저 하노라

—16연—
이고 진 저 늙은이 짐 풀어 나를 주오
나는 젊었거니 돌이라 무거울까
늙어도 섧거늘 짐까지 지실까

어구풀이 * **살아실제** : 살아 계실 때. **지나간** : 돌아가신. **이고 진** : 머리에 이고 등에 진. **섫거늘** : 서럽다 하겠거늘.

해석 * **1연** : 아버님이 나를 낳으시고, 어머님이 나를 기르시니, 두 분이 아니었더라면 이 몸이 살 수 있었을까 ? 이 하늘 같은 은혜를 어디에다 갚을까 ?

3연 : 형아 아우야 네 살을 만져 보아라. 누구에게서 태어났기에 그 모양도 같은가 ? (한 부모에게서 태어났기 때문이다.) (어머니의) 한 젖을 먹고 자라나서 어찌 다른 마음을 먹을 수가 있겠느냐 ? (한 마음 한 뜻으로 서로 사랑하고 공경하여라.)

4연 : 부모님께서 살아 계실 동안에 섬기는 일을 다 하여라. 돌아가신 뒤면 아무리 애닯아 해도 어찌할 도리가 없는 것이다. 평생에 다시 할 수 없는 일은 부모 섬기는 일인가 하노라.

11연 : 아 ! 저 조카여 밥없이 어찌할 것인가 ? 아 저 아저씨여 옷없이 어찌할 것인가 ? 궂은 일이 있으면 다 말해 주시오. 돌보아드리고자 합니다.

16연 : 머리에 이고 등에 짐을 진 저 늙은이시여 ! 그 짐을 풀어 내게 주시오. 나는 젊었으니 돌덩이인들 무겁겠소 ? 늙어가는 것도 서러운데 거기다 무거운 짐까지 지셔야 되겠습니까 ?

지은이 * **정 철**(鄭澈 ; 1536~1593) : 자는 계함 (季涵). 호는 송강 (松江). 당대 가사문학 (歌辭文學)의 대가로 국문학에 공헌한 바가 크다. 저서로 "송강가사 (松江歌辭)"가 전함. 그의 가사작품으로는 "성산별곡 (星山別曲)", 사미인곡 (思美人曲)", "속미인곡 (續美人曲)", "관동별곡 (關東別曲)" 등이 알려져 있다.

장백산에 기를 꽂고 두만강에 말을 씻겨
썩은 저 선비야 우리 아니 사나이냐
어떻게 인각화상을 누가 먼저 하리오

어구풀이 * **장백산**(長白山) : 백두산을 중국에서 일컫는 말. **썩은 저 선비** : 쓸모없는 선비. **인각화상**(麟閣畵像) : 중국 후한의 무제 (武帝)가 기린을 잡을 때에 세운 누각으로 선제 (宣帝)가 공신 11명의 상 (像)을 그려 넣었음.

해석 * 백두산에 우리의 기를 꽂고 두만강에 말을 씻기니 (남을 모함하고 시기만 하는) 썩어 빠진 선비들아, 우리는 사내 대장부가 아닌가. 나라에 공훈이 많은 신하의 얼굴을 그려 건다는 기린각에 과연 누구의 화상이 먼저 걸리겠느냐. (우리같이 나라를 지킨 대장부의 그것이 먼저 걸릴 것이다.)

지은이 * **김종서**(金宗瑞 ; 1390~1453) : 자는 국경 (國卿). 호는 절재 (節齋). 세종 때

의 명장으로 문종 때에는 우의정, 그리고 단종 때에는 좌의정이 되었으나 계유정란 때 수양대군에게 그 아들과 함께 피살됨.

옥을 돌이라 하니 그것이 애닯구나
박물군자는 아는 법 있건마는
알고도 모르는 체 하니 그를 슬퍼 하노라

어구풀이 * **박물군자**(博物君子) : 모든 것을 널리 아는 어진 사람.

해석 * 옥(玉)을 돌이라 고집하니, 그것이 또한 애닯구나. 모든 것을 널리 잘 아는 어진 사람이라면 알 법도 하건마는, 알고도 짐짓 모른 체 하니 그것을 슬퍼하노라.

지은이 * **홍 섬**(洪暹 ; 1504~1585) : 자는 퇴지(退之). 호는 인재(忍齋). 저서로 "인재집(忍齋集)", "인재잡록(忍齋雜錄)"이 있다.

쓴 나물 데운 물이 고기보다 맛이 있네
초가삼간 좁은 것이 더욱 내 분수네
다만 임금님 탓으로 시름겨워 하노라

어구풀이 * **시름겨워** : 시름을 못이기어.

해석 * 쓴 나물을 데운 국물이 고기 보다도 맛이 있네. 초가삼간의 좁은 것이 나의 분수에 맞는다. 다만 임금님이 그리운 탓으로 근심, 걱정을 이기지 못해 하노라.

지은이 * **정 철**(鄭澈 ; 1536~1593) : 자는 계함(季涵). 호는 송강(松江). 당대 가사문학(歌辭文學)의 대가로 국문학에 공헌한 바가 크다. 저서로 "송강가사(松江歌辭)"가 전함. 그의 가사작품으로는 "성산별곡(星山別曲)", "사미인곡(思美人曲)", "속미인곡(續美人曲)", "관동별곡(關東別曲)" 등이 알려져 있다.

태산이 높다하되 하늘아래 뫼이로다
오르고 또 오르면 못오를 리 없건마는
사람이 제 아니 오르고 뫼만 높다 하더라

어구풀이 * **태산(泰山)** : 중국 산동성에 있는 높은 산으로 오악(五嶽) 중의 동악(東嶽). 여기선 높고 큰 산을 일컬음.

해석 * 태산이 아무리 높다고 하여도 하늘 아래에 있는 산이로다. 오르고 또 오르면 못오를 리 없건마는, 모두들 올라 보지도 않고 산만 높다 하더라.

지은이 * **양사언(楊士彦 ; 1517~1584)** : 자는 응빙(應聘). 호는 봉래(蓬萊), 또는 해객(海客). 안평대군(安平大君), 김 구(金絿), 한 호(韓護) 등과 함께 조선 초기의 4대 명필 중의 한 사람.

미나리 한 포기를 캐어서 씻습니다
다른 데 아니오 우리님께 바치옵니다
맛이야 긴하지 않지만 다시 씹어 보소서

어구풀이 * **긴(緊)하지** : 좋지.

해석 * 미나리 한 포기를 캐어서 씻습니다. 딴 곳이 아니라 우리님께 바치옵니다. 맛이야 대단치 않지만 다시 씹고 씹어서 그 속맛을 보십시오. (그러면 제 정성을 아시오리다)

지은이 * **유희춘(柳希春 ; 1513~1577)** : 자는 인중(仁仲). 호는 미암(眉岩). 저서로는 "미암일기(眉岩日記)"가 있는데 여기에 1568년에서 1577년에 이르는 동안의 공사(公私)의 경력을 적어 귀중한 사료가 되고 있음.

철령 높은 봉에 쉬어 넘는 저 구름아
고신원루를 비삼아 띄워다가
님 계신 구중심처에 뿌려본들 어떠리

어구풀이 * **철령(鐵嶺)** : 강원도 회양에서 함경도 안변으로 넘어가는 고개. **고신원루(孤臣冤淚)** : 임금님의 사랑을 잃은 외로운 신하의 원통한 눈물. **구중심처(九重深處)** : 임금이 계신 대궐. 대궐의 담과 문이 9중으로 되어 있는 데서 연유한 말.

해석 * 철령 높은 봉우리를 단숨에 넘지 못하고, 겨우 쉬었다가 넘는 저 구름아! 임금의 총애를 잃고 귀양길에 오르는 외로운 신하의 서러움이 맺힌 눈물을 비 대신으로 띄워 가지고 가서, 임금이 계신 깊은 대궐 안에 뿌리는 것이 어떠하겠는가?

지은이 * **이항복**(李恒福 ; 1556~1618) : 자는 자상 (子常). 호는 필운 (弼雲) 또는 백사 (白沙). 신조 때의 명신 (名臣)이며 재사 (才士). 어렸을 때부터 두뇌가 영특하여 많은 일화를 남김. 시호는 문충 (文忠).

심산에 밤이 오니 북풍이 더욱 차다
옥루고처에도 이 바람 부는 것이오
긴 밤에 춥지 않으신가 북두에 견주어 바라보노라

어구풀이 * **심산** (深山) : 깊은 산. **옥루고처** (玉樓高處) : 구슬로 꾸민 다락. 높은 곳. 여기서는 임금님이 계신 궁궐을 말함. **북두** (北斗) : 북두성 (星).

해석 * 깊은 산 속에 밤이 깊어가니 북풍이 더욱 차다. 임금이 계신 궁궐에도 이 찬 바람이 부는 것인가? 기나긴 겨울 밤에 춥지 않으신가 하고, (북쪽에 계신 임금님을) 북두성에 견주어 바라보노라 /

지은이 * **박인로**(朴仁老 ; 1561~1642) : 자는 덕옹 (德翁). 호는 노계 (蘆溪), 또는 무하옹 (無何翁). 가사문학에서는 송강 (松江)과, 시조문학에서는 고산 (孤山)의 중간에 위치하는 작가로서, 양적으로 많은 작품을 남기고 있으나, 같은 말의 반복에서 오는 단조로움, 유교적인 교훈에 지나치게 몰입하여 문학성은 결여됨. 저서로 "노계집"이 있고, "태평사 (太平詞)" 등의 가사 (歌辭) 7편과 시조 68수가 전한다.

雲谷靜人 晴雲 兪 憙 善

◇ 忠南 靑陽 赤谷 九龍里 出生
• 幼時以後 先三代祖考下와 晩浦先生(大小楷書) 孤翁先生(四書,周易)
  無涯先生(退溪,牛溪,栗谷學) 南天,慧雲先生(禪易,行書) 愚浦先生
  (한글宮體)等 大學者와 禪師들의 訓導로 漢學과 書道 天文易算과
  碑文及書銘分野에 略30餘年間 專門從事함.
• 大韓弘益會 中央監察委員兼 中央組織委員(1971)
• 政府部處 및 서울시行政用役(株)韓一技術課長(8年退社) (1985)
  (金華及金湖TUNNEL 및 永東6橋梁銘文外 碑刻多數)
• 韓國貿易振興公社 行書般若心經小屛常設展示(1986)
• 大韓佛敎曹溪宗禪書畵陶藝展招待(1986)
• 韓國藝術文化87大祭展 書藝特選(1987)
• 88障碍者올림픽大會成功을위한全國綜合藝術祭指導委員(1988)
• 學生新聞社 學生新報 諮問委員(1988)
• 韓國戰爭文學會 運營委員(1988)
• 第1回 全國學生綜合藝術祭 招待作家兼 指導委員(1988)
• 第2回 全國學生綜合藝術祭 諮問委員兼 審査委員(1989)
• 文公部登錄45號藝術文化團體 藝育會諮問委員兼 顧問(1989)
• 新民主共和黨 金鍾泌總裁 表彰狀受賞(085) (1989)
• 서울 大學校 總長 表彰狀受賞(11) (1989)
• 明知 大學校 總長 表彰狀受賞(204) (1989)
• 東洋天文易學綜合分析센타 運營
• 正統 漢學文硏究所 所長(연락처 691-9943번)
  -著 書-
• 「孫子사주병법」1권, 2권 出刊(世宗出版公社刊) (1988)
• 「諸葛亮神書」1권, 2권 出刊 (綠苑出版社刊) (1988)
• 「불운의 예방」행운의 열쇠(李家出版社刊) (1988)
• 한글판 개편 책력 1989年度分(綠苑出版社刊) (1988)
• 가옥구조학「집구조와 운」(綠苑出版社刊) (1989)
• 五經正解(詩經,書經,春秋,禮記,周易) 近刊豫定
• 주역해설「운명병법」運勢大辭典(上下卷) 近刊豫定
• 한글판책력 1990年度分 (도서출판 恩光社刊) (1989)
• 추구집(推句集) 譯解(도서출판 恩光社刊) (1989)

-漢學文 監修書- (恩光社 刊)
• 원본 韓石峰 千字文   • 원본 四字小學
• 원본 童蒙先習   • 원본 啓蒙篇
• 원본 牧民心書   • 원본 家禮百科
• 원본해설 孝經   • 원본 明心寶鑑
• 원본 論語・孟子   • 원본 大學・中庸

추구집

추구집

2024년 12월 01일 13쇄 발행
편저자: 편집부
발행인: 유건희
발행처: 은광사
등록: 제18-71호
공급처: 가나북스
(경기도파주시율곡로1406)
전화: 031-959-8833
팩스: 031-959-8834

정가: 10,000원

*잘못된 책은 교환하여 드립니다.